MARCO POLO

LOIRE TAL

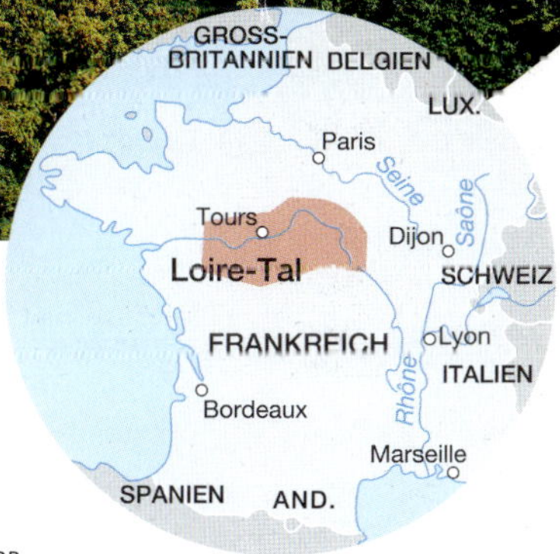

MARCO POLO AUTOR

Peter Bausch

Seine erste Frankreichreise führte ihn nach Orléans und Blois. Im Loire-Tal schätzt der Journalist und Reiseführer-Autor die unvergleichliche Mischung von großer Geschichte in den Schlössern und den kleinen Kostbarkeiten in einer Region, in der Hektik keine Chance hat. Zwischen Sancerre und Angers ist Peter Bausch jedes Mal begeistert von der Gastfreundschaft, der guten Küche und den Weinen.

REIN INS ERLEBEN

Mit dem digitalen Service von MARCO POLO sind Sie noch unbeschwerter unterwegs: Auf den Erlebnistouren zielsicher von A nach B navigieren oder aktuelle Infos abrufen – das und mehr ist nur noch einen Fingertipp entfernt.

Hier geht's lang zu den digitalen Extras:

http://go.marcopolo.de/loi

Touren-App

Ganz einfach orientieren und jederzeit wissen, wo genau Sie gerade sind: Die praktische App zu den Erlebnistouren sorgt dank Offline-Karte und Navigation dafür, dass Sie immer auf dem richtigen Weg sind. Außerdem zeigen Nummern alle empfohlenen Aktivitäten, Genuss-, Kultur- und Shoppingtipps entlang der Tour an.

HTTP://GO.MARCOPOLO.DE/LOI

Update-Service

Immer auf dem neuesten Stand in Ihrer Destination sein: Der Online-Update-Service bietet Ihnen nicht nur aktuelle Tipps und Termine, sondern auch Änderungen von Öffnungszeiten, Preisen oder anderen Angaben zu den Reiseführerinhalten. Einfach als PDF ausdrucken oder für Smartphone, Tablet oder E-Reader herunterladen.

SYMBOLE

- INSIDER TIPP Insider-Tipp
- ★ Highlight
- ●●●● Best of ...
- Schöne Aussicht
- Grün & fair: für ökologische oder faire Aspekte
- (*) kostenpflichtige Telefonnummer

PREISKATEGORIEN HOTELS

€€€	über 110 Euro
€€	70–110 Euro
€	bis 70 Euro

Die Preise gelten für zwei Personen im Doppelzimmer pro Nacht ohne Frühstück

PREISKATEGORIEN RESTAURANTS

€€€	über 40 Euro
€€	20–40 Euro
€	bis 20 Euro

Die Preise gelten für ein Menü mit drei Gängen ohne Getränke

 Titelthemen: Wenn Frauen bauen: Chenonceau S. 60 | In den Kellern der Biowinzer S. 37, 62

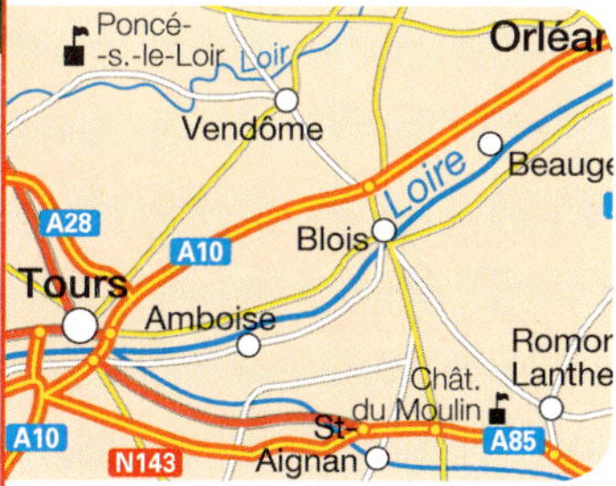

GUT ZU WISSEN
Geschichtstabelle → S. 14
Son et Lumière → S. 25
Spezialitäten → S. 28
Bücher & Filme → S. 40
Spiel mit der Kugel → S. 86
Was kostet wie viel? → S. 115
Wetter → S. 118

KARTEN IM BAND
(126 A1) Seitenzahlen und Koordinaten verweisen auf den Reiseatlas
(0) Ort/Adresse liegt außerhalb des Kartenausschnitts
Es sind auch die Objekte mit Koordinaten versehen, die nicht im Reiseatlas stehen

(A–B 2–3) verweist auf die herausnehmbare Faltkarte

UMSCHLAG VORN:
Die wichtigsten Highlights

UMSCHLAG HINTEN:
Karten zu Angers, Blois, Orléans und Tours

INSIDER TIPP **Schlafen im Strohballen-Haus**
Ohne Beton oder Stahl, sondern aus Strohballen und mit natürlichen Materialien haben Anne und Jean-Marc Foulgocq neben ihrer alten Mühle in Savigné-sous-le-Lude ein *ökologisches Gästehaus* gebaut, in dem nicht nur der Schlaf erholsam ist → S. 83

INSIDER TIPP **Prachtvolles Provinzmuseum**
Hier gibt es fast nichts, was es nicht gibt: Das *Musée Joseph Denais* in Beaufort-en-Vallée ist ein prachtvolles Provinzmuseum, das Ihnen und Ihren Kindern die Augen für Kunst und Tradition, für Kuriositäten und Geschichte öffnet → S. 108

INSIDER TIPP **Spaß mit Fluxuskunst**
Sogar im Café sehen die Snacks aus wie die Kunstwerke in den Ausstellungsräumen. Die *Fondation du Doute* in Blois ist ein Museum, in dem moderne Kunst der Fluxuszeit für Vergnügen sorgt → S. 44

INSIDER TIPP **Besinnlicher Gesang**
Wenn im Benediktinerkloster von Solesmes (Foto o.) *gregorianische Choräle* erklingen, verliert die Zeit ihre Bedeutung → S. 84

INSIDER TIPP **Handwerk mit goldenem Boden**
Das *Musée du Compagnonnage* in Tours zeigt Meisterstücke der Zünfte (Foto re.) → S. 68

INSIDER TIPP **Leckere Katze im Sack**
Das Risiko lohnt sich: Guillaume Foucault zaubert im *Restaurant Pertica* in Vendôme aus Gemüse, Obst, Fleisch der Region und exotischen Zutaten ein Überraschungsmenü, das begeistert → S. 54

INSIDER TIPP **Perfekte Bleibe in der alten Poststation**
In der *Domaine de la Crapaudine* erwarten Sie großzügige Zimmer, ein herrlicher Garten, köstliches Abendessen und ein Glasdach unterm Sternenhimmel – mehr geht kaum → S. 67

INSIDER TIPP Der Verwandtschaft verpflichtet

Die Familie Valbray kümmert sich mit großer Leidenschaft und viel Liebe um das Erbe ihrer Vorfahren auf *Schloss Montreuil-Bellay* → S. 89

INSIDER TIPP Speisen im Fachwerkhaus

Das Gebäude in der Altstadt von Orléans ist aus dem 15. Jh., doch das Essen in *La Dariole* ist jeden Tag ganz frisch und wird mit jugendlicher Fantasie zubereitet → S. 50

INSIDER TIPP Romantisches Tal

Wie aus der Zeit gefallen: Im grünen *Tal von Les Goupillières* sehen Sie, wie die Menschen hier früher in Höhlen lebten → S. 71

INSIDER TIPP Aufregendes Museum

Im spektakulären Gebäude *Les Turbulences* steckt ein spannendes Museum für zeitgenössische Kunst und Baukunst in Orléans, dem Electronic Shadow ein permanentes Lichtkleid angezogen hat → S. 50

INSIDER TIPP Wachgeküsst

Lange lag das *Château Gaillard* in Amboise vergessen im Dornröschenschlaf. Nun zeigt das Schloss, in dessen Garten Frankreichs erste Orangenbäume standen, wieder die Pracht der Renaissance → S. 57

INSIDER TIPP Junger Winzer – feine Tropfen

Mit jugendlichem Elan baut *Jérôme Billard* seinen roten Chinon zu einer Kostbarkeit aus → S. 62

INSIDER TIPP Frommer Schlafen

Die Zimmer der *Domaine du Prieuré* in Valaire sind mit Kirchenmöbeln bestückt → S. 48

INSIDER TIPP Unterirdisch tafeln

Wo andere Lokale ihre Weine lagern, punktet das Restaurant *L'Helianthe* mit feinen Speisen im edlen Höhlenambiente. Zum Nachtisch gibt es *pommes tapées*, getrocknete und in Rotwein wieder zum leckeren Leben erweckte Äpfel der Region → S. 95

BEST OF ...

TOLLE ORTE ZUM NULLTARIF

Neues entdecken und den Geldbeutel schonen

SPAREN

Gratisblick aufs Brückenschloss

Schloss-Besichtigungen im Loire-Tal gehen mit der Zeit richtig ins Geld. Für den Gratisblick auf das elegante Brückenbauwerk von *Chenonceau* ist etwas Spürsinn und ein kurzer Fußmarsch am linken Ufer des Cher gefragt → S. 61

Blaue Sommernächte in Bourges

Sobald die Sonne untergeht, taucht die *Altstadt von Bourges* in blaues Licht. In den Gassen vor den Palästen holen Sie kostümierte Schauspieler für einen Moment zurück ins Mittelalter. Und das nächtliche Spektakel kostet keinen Cent: Das ist echter Service → S. 36

Zwischen Rhododendren und Riesenmammutbäumen

Der *Park von Châteauneuf-sur-Loire*, einst von André Le Nôtre entworfen, hat mit Rhododendronbüschen, Riesenmammutbäumen, Gräben und Holzbrücken seinen ganzen Charme bewahrt. Und kostet im Gegensatz zu den meisten anderen Parks der Region keinen Eintritt → S. 50

Auf den Spuren von Max Ernst

In Huismes baut Kunstexperte Dominique Marchès im Haus des deutschen Malers Max Ernst ein *Dokumentationszentrum* über das Leben und das Werk des Künstlers auf. Das Beste: Marchès verlangt kein Geld für die Besichtigung → S. 64

Festlaune im Schrebergarten

Wenn im September die *Fête des Marais* ansteht, zeigen sich die 1500 Schrebergärten im früheren Sumpfgebiet von Bourges von ihrer kostenlosen Schokoladenseite – mit Musik, Flohmarkt, Bootsfahrten auf den Kanälen → S. 35

Caravaggio-Bilder in Loches

Wahrscheinlich, aber nicht hundertprozentig sicher ist es, dass Michelangelo Merisi, kurz Caravaggio, die *beiden Gemälde* schuf, die fast 200 Jahre lang unter einer dicken Staubschicht unbeachtet in der Kirche St-Antoine von Loches hingen. Bilden Sie sich ganz umsonst Ihre eigene Meinung (Foto) → S. 64

Diese Punkte zeichnen in den folgenden Kapiteln die Best-of-Hinweise aus

TYPISCH LOIRE-TAL

Das erleben Sie nur hier

Gartenkunst in Chaumont-sur-Loire

Ein mittelalterliches Schloss, zeitgenössische Kunst und die Avantgarde der Landschaftsarchitekten passen nicht zusammen, meinen Sie? Und ob! Das internationale *Gartenfestival von Chaumont* schafft den Spagat zwischen verschiedenen Epochen mühelos → S. 48, 110

Schippern auf dem Fluss

Die Loire ist ein unberechenbarer Fluss mit Untiefen, Strömungen und schnell wechselnden Wasserständen. Vertrauen Sie sich deshalb einem Profi an. Die *Marins du Port de Chambord* in St-Dyé segeln Sie auf einem der flachen Holzboote auf den Fluss hinaus und zeigen Ihnen bei einer Pause auf einer der Inseln die Spuren von Bibern → S. 45

Öko im alten Gemäuer

Vorbildlich: Mit Holzpellet-Heizung, Photovoltaik, LED-Leuchten und Isolierglas macht die mittelalterliche *Klosteranlage in Fontevraud* Heizöl überflüssig, verzichtet auf Chemie im Park und lässt Ökologie selbst über Restaurant und Hotel regieren → S. 88

Das Größte an der Loire

Damit Sie mal eine echte Vorstellung von „Superlativ" bekommen: Gerade mal 72 Tage seines Lebens hat François I. im Prachtpalast *Chambord* mit seinen 365 Kaminen verbracht. In der Renaissance zog seine königliche Karawane mit gut 15 000 Menschen und 12 000 Pferden mit ihm hier ein → S. 46

Privilegien für Biohausbewohner

Dany und Philippe Hellio haben ihre wunderschön ruhig gelegenen Gästezimmer auf einem Bauernhof in Azay-sur-Cher um ein *Biohaus* aus natürlichen Materialien erweitert. Das gastfreundliche Paar kennt sich aus in der Region und gibt Ihnen kostbare Einheimischen-Tipps für Restaurants, Gärten und Privatschlösser → S. 72

Schlafen im Privatschloss

Isaure de Sainte Marie hat im kleinen Schloss Troussay vier Gästezimmer sowie eine große Ferienwohnung eingerichtet. Die Schlossherrin serviert persönlich das Frühstück im Speisesaal des Anwesens, das auf 600 Jahre Geschichte zurückblickt (Foto) → S. 49

TYPISCH

BEST OF ...

SCHÖN, AUCH WENN ES REGNET

Aktivitäten, die Laune machen

Zehn Millionen Jahre her

Im früheren Steinbruch von Doué-la-Fontaine wird die Geschichte der Region während eines Spaziergangs mit Videos und Installationen erklärt. Und man bekommt einen lebhaften Eindruck davon, wie es dort vor zehn Millionen Jahren aussah – mit Meer und Quallen (Foto) → S. 88

Faire Schoki

Die *Schokoladenfabrik* von *Max Vauché* setzt Maßstäbe, was fairen Handel mit Überseeländern angeht. Hier lernen Sie, wie aus Kakao süße Köstlichkeiten entstehen, die jedem selbst bei schlechtem Wetter ein Lächeln auf die Lippen zaubern → S. 45, 46

Das Spätwerk eines Genies

Erleben Sie, wie Leonardo da Vinci auf dem Herrensitz von *Clos-Lucé* bei Amboise lebte und arbeitete. Noch in seinen letzten drei Lebensjahren hat der Künstler Dutzende bahnbrechender Maschinen konstruiert, die Sie drinnen und draußen anschauen können → S. 56

Wärme tanken im Tropengarten

Die Riesenpandas aus China stört der Regen nicht, solange sie Bambuszweige knabbern. Aber für Affen, Seekühe, exotische Vögel und deren Betrachter hat der *Zoo von Beauval* Tropengärten eingerichtet, in denen Sie und Ihre tierischen Gefährten schön trocken bleiben → S. 106

Weinprobe im Hightech-Keller

Ein Regentag ist ideal, um sich in der *Maison des Vins de Cheverny* den hundert verschiedenen Weinen des Gebiets zu widmen → S. 119

Geschichte im königlichen Schloss von Blois

Vier Flügel aus vier Jahrhunderten, eine spektakuläre Wendeltreppe und ein Kabinett voller Geheimfächer: Bei schlechtem Wetter lohnt sich ausführliche Geschichtsanschauung im Château de Blois → S. 43

REGEN

ENTSPANNT ZURÜCKLEHNEN

Durchatmen, genießen und verwöhnen lassen

ENTSPANNT

● *Und die Seele baumelt am Flussufer*

Sind Sie mit dem Auto oder dem Rad unterwegs, machen Sie am *linken Loire-Ufer* eine Pause, wenn Sie Gien erreichen. Setzen Sie sich mit einem Picknick auf eine Bank am Fluss, genießen Sie in aller Ruhe den Panorama-Blick auf die Stadt, hören Sie das Wasser murmeln → **S. 37**

● *Wohlfühlen am Tor zur Sologne*

Der Park von Limère ist das Naherholungsgebiet für Orléans. Dort liegt das Wellnesszentrum *Les Balnéades*. Im 33 Grad warmen Wasser des Schwimmbads können Sie herrlich relaxen. Hamam, Sauna und Massagen entrücken Sie vollständig dem Reisealltag → **S. 51**

● *Erhabene Stille in der Klosterkirche*

Die *Klosterkirche von Cunault* ist seit dem Mittelalter ein Wallfahrtsort für Pilger. 223 Kapitelle und Wandmalereien bieten Ihnen Gelegenheit, in aller Stille in die Welt der Spiritualität einzutauchen → **S. 87**

● *Warmes Bad in alter Fabrik*

Im Gewölbekeller der alten Papierfabrik am Ufer des Loir ist heute das Schwimmbad der *Domaine de la Courbe* untergebracht (Foto). Nach dem warmen Bad wird Ihnen der Kaffee auf der kleinen Terrasse über dem Fluss besonders gut schmecken → **S. 83**

● *Ganz natürlich baden*

Machen Sie mal Pause vom Schlössergucken und tauchen Sie ein in den *Naturbadesee* von *Mont-près-Chambord*. Das lockert die Muskeln und macht den Kopf frei. Und entspannt ganz nebenbei auch Ihr ökologisches Gewissen, denn das Gewässer wird ohne Chlor mit natürlichen Mitteln sauber gehalten → **S. 107**

● *Massage im ehemaligen Schlachthof*

Alte Industriegebäude haben ihren Reiz. Das gilt selbst für den früheren Schlachthof von Loches, der zum Wellnesszentrum *Bains Douches* umgebaut wurde. Die Massagen sind Labsal für Ihren Körper und lassen Sie garantiert vergessen, wozu das Haus früher diente → **S. 65**

AUFTAKT

ENTDECKEN SIE DAS LOIRE-TAL!

Diese ***Pracht*** lässt keinen kalt: 365 Kamine, unzählige Türmchen und 426 Räume in einem Haus. Das mächtige Schloss von ***Chambord*** steht als Symbol für den ungeheuren Reichtum, den Fürsten, Herzöge und Könige in Mittelalter und Renaissance in das Tal der Loire brachten.

Die Loire, mit einer Länge von über 1000 km größter ***Strom*** Frankreichs, Europas letzter wilder, im Unterlauf ab Roanne noch nicht von Staustufen und Kanälen gebändigter Fluss, bietet heute noch den Stoff, aus dem Träume gemacht werden. 2000 wurde er zwischen Sully und Chalonnes von der Unesco zum ***Welterbe*** erklärt. Das Tal der Loire und die Ufer ihrer ***Seitenflüsse*** wie Cher, Indre, Loir, Sarthe und Vienne sind voller kleiner Kostbarkeiten, die sich aber nur den Reisenden erschließen, die Muße und Neugier mitbringen: das Frühstück in einem kleinen Café mit Blick auf die Loire, die in der Morgensonne funkelt. Das einfache, durch ein Glas Wein aus ***Chinon*** oder Vouvray geadelte Mittagessen in einem ***Dorfrestaurant***. Der Spaziergang durch die ***Wälder*** der Sologne mit ihren Teichen, über die sich melancholisch stimmender Nebel ausbreitet. Der Sonnenuntergang, der die mächtige Fassade des Schlosses von Amboise hoch über dem Fluss in warme Farben taucht.

Bild: Chenonceau – Schlafzimmer der Katharina von Medici

Flüsse und Schlösser wie das von Chinon sind die touristischen Hauptzutaten des Loire-Tals

Oder das opulente ***Abendmahl***, das den Romanfiguren Gargantua und Pantagruel des Dichters François Rabelais (1494–1553) alle Ehre macht. Das sind Momente, in denen Ihnen klar wird, warum Herzöge, ***Fürsten*** und Könige diese Landschaft zur Spielwiese ihrer Verschwendungssucht gemacht haben.

Loire-Tal: Spielwiese königlicher Verschwendungssucht

Die Fahrt durch das Loire-Tal wird zum Rausch für Kulturreisende: Nach fast jeder Straßenbiegung fällt der Blick auf ein weiteres ***Schloss*** oder Schlösschen. Und jedes Gebäude birgt seine eigene Geschichte: Intrigen, Tragödien, ***Komödien*** und ausschweifende Feste.

Um 450 v. Chr. Kelten lassen sich im Loire-Tal nieder

58–52 v. Chr. Julius Cäsar schlägt im gallischen Krieg die Keltenstämme der Ander und Karnuter an der Loire. Cenabum, das heutige Orléans, wird zerstört

371–397 Als Bischof von Tours treibt der heilige Martin die Christianisierung an der Loire voran

1305 Gründung der Universität von Orléans

1337–1453 Zwischen Frankreich und England tobt der sogenann-

Die heutigen Besitzer der Schlösser und Herrensitze – viele sind weiter in ***Privatbesitz*** – haben es schwerer: Die Gebäude müssen erhalten werden. Und so machen sie aus der Not mit dem Erbe der Vorfahren eine Tugend. Nach dem Motto „Ein Tourist bedeutet einen neuen ***Schieferziegel***" öffnen sich viele Schlösser für die breite Öffentlichkeit. Bis zur Französischen Revolution war es undenkbar, dass das „gemeine Volk" Quartier in fürstlichen Gemächern nahm, heute richten die Nachfahren Fremdenzimmer, ***chambres d'hôtes***, ein und laden die Gäste an ihre Tafel. Damals übertrumpften sich Herzöge, Fürsten und Könige mit prachtvoller Ausstattung und architektonischen Verrücktheiten. Heute setzt beispielsweise der Marquis de Vibraye in Cheverny auf die Wirkung der ***Comics*** „Tim und Struppi" von Hergé. Der Zeichner hatte das Schloss als Vorbild für Kapitän Haddocks Domizil Moulinsart genommen. Graf de Colbert hat die unterirdischen ***Festungsanlagen*** auf Château de Brézé wieder freigelegt und verkauft seinen eigenen Wein im Taubenturm. Die Prinzenfamilie de Broglie schließlich hat sich auf La Bourdaisière sogar der ***Tomatenzucht*** verschrieben. Das Tal der Loire und ihre Seitenflüsse sind ein Paradies für die *chambres d'hôtes* geworden. Auch wenn die Klagen der klassischen Hotelgastronomie lauter werden, es gibt kaum eine bessere Art, Land und Leute kennen zu lernen als am ***Esstisch mit Gastgebern***, die ihre Umgebung kennen und schätzen. Denn bei den Einheimischen liegt der Schlüssel, dieses Land der fließenden Wasser zu erobern. Sie wissen, welches die schönsten Abschnitte des neuen, insgesamt 800 km langen und gut 50 Mio. Euro teuren ***Radwanderwegs*** *La Loire à Vélo* sind. Die ganze Region setzt nämlich auf *la petite reine*, also das *bicyclette* als Fortbewegungsmittel. Die längste ohne Unterbrechungen ausgeschilderte Strecke für die Zweiräder sind die 120 km zwischen Tours und Angers mit einem Abstecher in das Tal der Vienne bis hin zur ***Weinhochburg*** Chinon. Der Parcours, der einen Teil des 3650 km langen europäischen Radwanderwegnetzes entlang der großen Flüsse von Budapest nach Nantes bilden wird, ist nicht nur für Touristen eingerichtet, sondern auch für die Einheimischen.

Die Region setzt auf das *bicyclette* als Fortbewegungsmittel

Denn sie kennen die Weinbauern, die konsequent auf biologischen Anbau setzen, und ***Winzer***, deren Weine es mit den besten Tropfen der Welt aufnehmen können. Sie zeigen Ihnen auch die Wege, die von den schnurgeraden Straßen der ***Sologne***

te Hundertjährige Krieg. Jeanne d'Arc befreit 1429 Orléans von der britischen Belagerung

1519 Leonardo da Vinci, das italienische Universalgenie, das König François I nach Amboise gerufen hatte, stirbt in Le Clos-Lucé

16. Jh. Reformator Calvin kommt nach Orléans; es toben Religionskriege mit der blutigen Niederschlagung der reformatorischen Verschwörung von Amboise 1560

1940 Im 2. Weltkrieg wird Tours für drei Tage französische Hauptstadt. Schlachten um die Brückenstädte der Loire

hinein in die geheimnisvollen Wälder führen. Lassen Sie sich von Ihren Gastgebern den Weg in ***verwunschene Täler*** wie Les Goupillières zeigen, in dem der Obstbauer Louis-Marie Chardon eine uralte Siedlung in den Höhlen der ***Tuffsteinfelsen*** freigelegt hat. Sie sagen Ihnen auch, wo Sie den besten Ziegenkäse zwischen den Weinbergen von Sancerre finden und erklären Ihnen den Weg durchs Unterholz, von dem Sie den schönsten Blick auf Paradeschlösser wie ***Chenonceau*** erhaschen können. Selbst wenn das moderne Frankreich mit seinen Einkaufszentren und den Hochhaussiedlungen in den Außenbezirken der großen Städte hässliche Spuren hinterlassen hat, sind Orléans, Tours, Blois oder Angers für ihre Lebensqualität im ganzen Land bekannt und berühmt. Bei allem Schwung, den Universitäten und ***Hightechunternehmen*** in die Region gebracht haben: Hektik hat im Loire-Tal keine Chance.

Hektik hat im Loire-Tal keine Chance

Bürgerproteste verhinderten in den 1990er-Jahren, dass der Loire-Unterlauf mit riesigen Staudämmen gegen Hochwasser abgesichert wurde. Dafür ist das Flusstal mit seinen 1000 Inseln und Überschwemmungsgebieten ein ***Refugium*** für viele Tierarten geworden, die anderswo in Europa längst ausgerottet sind. Inzwischen sind sogar wieder Lachse und ***Aale*** östlich von Angers aufgetaucht, und ***Biber*** bauen ihre Staudämme im Flusslauf. Kormorane und Fischreiher haben ihr Domizil an den über 3000 Teichen der Sologne gefunden. Die europäische ***Sumpfschildkröte*** ist das Symbol für den regionalen ***Naturpark der Brenne*** im Süden der Touraine. Rund 100000 Exemplare leben im Land der tausend Teiche, in dem seit dem Mittelalter Fische wie Karpfen gezüchtet werden. Im Naturpark nisten gefährdete Vogelarten, in den Wäldern, die Privatleute für die ***Jagd*** nutzen, leben Hirsche, Rehe und Wildschweine in großer Zahl.

Der ***Wildreichtum*** des riesigen Waldgebiets im Loire-Bogen zwischen Blois, Orléans, Gien und Romorantin brachte den jagdwütigen König ***François I*** dazu, sich den monumentalen Jagdsitz Chambord zu bauen. Chambord ist das Symbol für den Wandel im Loire-Tal: Schloss und Park sind nicht mehr nur dem Adel vorbehalten, sondern Heimat geworden für ***Naturschutz***, für behutsamen Umgang mit der Tradition, für Radfahrer, Reiter, Jäger und Familien. Chambord ist das Tor für Entdeckungsreisen an den Loire-Ufern. In einem ganz engen Umkreis um Chambord zeigt das Loire-Tal alle Facetten, was das Angebot für Reisende angeht. Hier glänzt das kleine ***Radlerdorf*** Bracieux mit

1990 Vendôme, Tours und Angers werden mit einer neuen Trasse an den TGV nach Paris angeschlossen

2000 Die Unesco erklärt das Flusstal zwischen Sully-sur-Loire und Chalonnes-sur-Loire zum Welterbe

2012 Der 800 km lange Radwanderweg La Loire à Vélo von Sancerre nach Angers mit vielen Nebenstrecken ist nach zehn Jahren Bauzeit fertiggestellt

2016 Hochwasser und Überschwemmungen an Loire, Cher und Sauldre im Frühsommer

Nehmen es mühelos mit den besten Tropfen der Welt auf: die weißen Weine von der Loire

der exquisiten Schokoladenfabrik von Max Vauché, die sich die Kooperation mit der Dritten Welt auf ihre Fahnen geschrieben hat. Fairer Handel und ***Ökologie*** ausgerechnet im ehemaligen Reich der Könige: Selbst beim Badesee von Mont-près-Chambord verzichtet man auf Chemie und lässt das Wasser von Pflanzen filtern.

Weingut um Weingut stellt auf das einst verpönte Bioetikett um

Rund um das prächtige ***Schloss*** von Cheverny haben viele Weinbauern die Segnungen des biologischen Anbaus ihrer ***Trauben*** entdeckt. Ein Gut nach dem anderen stellt auf das Bioetikett um, das noch vor 20 Jahren in Frankreich verpönt war. Die aus Italien stammende Sommelière Laura Semeria geht in der zum Biogut umgewandelten Domaine de Montcy noch einen Schritt weiter, lässt ***Öko-Holzhäuser*** entwerfen und in die Weinberge setzen, um für Gäste eine Unterkunft zu schaffen. Aufwachen zwischen Reben, das sind ganz neue Aspekte für Reisende im Land der Schlösser. Auf der anderen Straßenseite haben die Eigentümer des Château du Breuil den Herrensitz aus dem 18. Jh. mit seinem 45 ha großen Park in ein ***Luxushotel*** verwandelt. Ein Riesenkontrast zum bescheidenen Bauernhof von Sabrina Clamens, die ihre ***Esel*** als Begleiter für Gäste vermietet, die ganz gemütlich Schlösser wie Villesavin, die frühere ***Baubaracke*** für Chambord, besichtigen wollen.

Lassen Sie sich ein auf diese Landschaft, die Könige seit dem Mittelalter begeisterte, spüren Sie den großen ***Glanz*** und die kleinen ***Schätze*** auf, die sich zwischen Bourges und Sancerre im Südosten, Orléans und Sablé-sur-Sarthe im Norden sowie Saumur und Angers im Westen ausbreiten.

IM TREND

1 Junge Klänge

Live & laut Tours ist das Mekka für den Musiknachwuchs. Der Rocksender *Radio Béton (www.radiobeton.com)* organisiert alljährlich Anfang Juni das fünftägige *Festival Aucard de Tours* im Parc de la Gloriette. Livemusik das ganze Jahr über bietet *Les 3 Orfèvres (6, rue des Orfèvres | www.3orfevres.com).* Das *Tempo Loco (42, rue du Pont aux Oies | www.tempo loco.com)* ist Studio für lokale Bands; für Jazz und Fusion steht dagegen der Verein *Le Petit Faucheux (www.petitfaucheux.fr)*, der das Newcomer-Festival *Emergences (www.jazz atours.com)* mitveranstaltet.

2 Magische Welt

Illusionen Lassen Sie sich verzaubern. Die Nachfolger von Houdini und Co. haben an der Loire das Sagen. Patrick Droude *(www.patrickdroude.com) (Foto)* ist Star der Szene. Regelmäßig tritt der Illusionist im *Centre International de la Prestidigitation et de l'Illusion (Maison de la Magie, Blois)* auf. Dort können Neugierige das Magierhandwerk erlernen. Wer vor allem jüngere Zuschauer ansprechen will, macht einen Kurs bei *Bidou*, dem Meister des Balloonings.

3 Abenteuerlich

Parks Nicht die Orientierung verlieren! Auf 4 km Strecke sind im *Labyrinthe de Beaugency (www.labyrinthe-beaugency.com)* zwischen Orléans und Blois zwei Schlüssel zu finden, die aus der Figurenwelt von Batman und Co. herausführen. Ein echter Familienspaß! Bis zu 20 m hoch in die Bäume geht es im Klettergarten von St-Benoit zwischen Chinon und Azay-le-Rideau *(www. saintbenoitaventure.com)* auf unterschiedlich schweren Strecken durch die Anlage – von der einfachen Kraxeltour für Kinder bis zum No-Limit-Weg für Fortgeschrittene.

Im Loire-Tal gibt es viel Neues zu entdecken. Das Spannendste auf diesen Seiten

Open Kitchen

Kulinarisch Vorm Abendessen im *Restaurant* des *Fontevraud-Klosters (Abbaye Royale | www.hotel-fontevraud.com)* werden die Gäste erst in die Küche geführt. Kinder dürfen mit Chef Thibaut Ruggeri ein Dessert kreieren. Auf den Teller kommen Schöpfungen wie die *révolution verte* mit frischem Gemüse auf einem Bett von Melisse und Minze aus dem Klostergarten. Pionier der offenen Küche im Loire-Tal war das kleine *Chez Rémi (5, rue des Deux-Haies | Angers) (Foto)*, wo die Gäste von der Schiefertafel marktfrisches Gemüse, Biofleisch oder Fisch wählen, das als kreative Kost auf den Tisch gebracht wird. Auch David Guitton versteckt sich nicht in der Küche, sondern lässt sich vom Saal seines Gourmetrestaurants *La Table de la Bergerie (Champ Layon | www.latable-bergerie.fr)* aus bei der Arbeit zuschauen.

Grün trumpft auf

Bio boomt Das Loire-Tal ist schon lange Vorreiter beim biologischen Anbau. Nun zieht auch die Infrastruktur rasant an, damit regionale Biolebensmittel frisch beim Kunden landen. Z. B. mit den *Jardins de Cocagne (112, rue de Bas Rivière | www.association-biosolidaire.fr)* in Blois, die ihre Produkte auch auf dem *Biomarkt (Fr 16–19 Uhr | Quai Amédée Contant)* anbieten. Die Gärten gehören zum Verein *Val Bio Centre (www.lespaniersbioduvaldeloire.fr)*, der 35 Produzenten vereint, die auch wöchentlich Körbe *(panier)* mit frischem Biogemüse an Abonnenten liefern. Im Anjou organisieren sich die Schlaraffengärten im *Groupement Agriculteurs Biologistes et Biodynamistes (www.gabbanjou.com)* und beliefern den *Biomarkt (Sa 8–13 Uhr)* auf der Place Molière in Angers.

FAKTEN, MENSCHEN & NEWS

ATOMKRAFT

Wenig romantisch sind die vier Atomkraftwerke in der lieblichen Loire-Landschaft, darunter Frankreichs erster Reaktor, der 1963 in Avoine bei Chinon ans Netz ging. Großen Widerstand in der Bevölkerung gab es bis zur Nuklear-Katastrophe im japanischen Fukushima nicht. Im Gegenteil: Avoine ist stolz auf das Kraftwerk, das Arbeitsplätze und Wohlstand ins Städtchen brachte. Seit 1986 gibt es hier sogar ein Atommuseum, der Meiler Belleville bei Sancerre kann ebenfalls besichtigt werden. Im Gegensatz zu Deutschland steht in Frankreich ein Ausstieg aus der Atomenergie nicht auf der politischen Tagesordnung. Das gilt auch für das Kraftwerk in Dampierre-en-Burly zwischen Gien und Sully, das seit 1981 Strom erzeugt und am Ufer der Loire für gut 1500 Arbeitsplätze sorgt, aber seit der Jahrtausendwende über 40 Störfälle registriert hat.

HONORÉ DE BALZAC

Der Schriftsteller, 1799 in Tours geboren und in Vendôme aufgewachsen, zog sich auf der Flucht vor seinen Pariser Gläubigern – er war als erfolgloser Verleger und Druckereibesitzer bankrottgegangen – immer wieder in das Renaissanceschloss von Saché zurück. Im spartanisch eingerichteten Zimmer mit Blick auf Park und Tal, das ihm sein Freund Jean de Margonne zur Verfügung gestellt hatte, arbeitete Balzac bis zu 18 Stunden am Tag an Romanen wie „Die Lilie im Tal", der bei Montbazon spielt

 Bild: Saumur – Cadre Noir

Von Mätressen und Heiligen: Geschichten über Schlachten mit dem Schwert und Kriege mit den Waffen der Frauen

und Teil seines Meisterwerks „La Comédie humaine" ist. Der Romanzyklus, an dem der Schriftsteller von 1829 bis 1850 schrieb, gibt ein anschauliches Bild der damaligen Gesellschaft.

CADRE NOIR

Die Reitkunst hat im Loire-Tal eine lange Tradition. Im 16. Jh. gründete der protestantische Gouverneur Duplessis-Mornay in Saumur die Reiterakademie und die neue Universität. 1828 konstituierte sich aus Offizieren der Kavallerieregimenter der „Cadre Noir" (schwarzer Kader), die Elitemannschaft der französischen Reiterei. Gelehrt wird die Kunst der Hohen Reitschule, wie sie im 16. Jh. praktiziert wurde. 1972 ist im Umkreis des Cadre Noir, der inzwischen auch zivile Mitglieder zählt, mit der *Nationalen Reitschule (Ecole Nationale d'Equitation)* eine Ausbildungsstätte in Saumur entstanden.

HÖHLENWOHNUNGEN

Der weiche Tuffstein *(tuffeau)* ist ein ideales Baumaterial. In der Gegend zwischen Saumur und Tours oder am Loir-Fluss zwischen Vendôme und Durtal haben die Menschen seit der Antike von den unzähligen Steinbrüchen profitiert und sich Wohnungen in den Höhlen *(troglodytes)* angelegt. Ganze Dörfer wie Rochemenier oder Trôo, Täler wie Les Goupillières und sogar Schlösser wie Brézé sind in den Tuffstein hineingebaut worden. Damals ging es um Schutz vor Invasoren und Kälte, heute sind die Felsenkeller mit konstanten Temperaturen zwischen 12 und 15 Grad ideal für Pilzzucht *(champignonnière)* und Sekt- oder Weinlagerung. Außerdem sind die Höhlenwohnungen, die nach dem Zweiten Weltkrieg praktisch alle aufgegeben wurden, heute rare und teure Perlen auf dem Immobilienmarkt.

HYPERMARCHÉ

Supermärkte gibt es überall in Europa, aber die Franzosen begnügen sich nicht mit Einkaufszentren auf der grünen Wiese, wie man sie in Deutschland kennt. *Hypermarché* ist hier das Zauberwort für eine Produktvielfalt, die ihresgleichen sucht; eine Vielfalt, die auf mindestens fünf Regalmetern ausschließlich Joghurt oder nur Kekse in allen Geschmacksrichtungen, Formen und Farben bietet. Ungeübte verlieren da schon mal den Überblick.
Die riesigen Konsumtempel, die sich wie Schlingen um alle größeren Städte, aber auch um kleinere Dörfer legen, sind zwar oft genug eine architektonische Plage im Reich der alten Schlösser, aber trotzdem bei Einheimischen und Touristen gleichermaßen beliebt. Kein Wunder: In den klimatisierten Hallen gibt es einfach alles, vom Fahrrad über den Herd, den Computer bis hin zu den Delikatessen der Region wie Wein, Käse oder Naschwerk. Und wer außer dem fangfrischen Seeteufel noch einen Liter Billigöl für seinen Automotor braucht, ist im Hypermarché ebenfalls gut bedient.

JEANNE D'ARC

Das Bauernmädchen (1411–1431) aus dem lothringischen Dorf Domrémy wurde zur Heldin und Heiligen der Nation. Nachdem ihr „himmlische Stimmen" den Auftrag erteilt hatten, das Land von den englischen Besatzern zu befreien, ritt die erst 17-Jährige los, um in Chinon den Sohn des geisteskranken Königs Charles VI, den späteren Charles VII, davon zu überzeugen, die Krone zu übernehmen. Sie fand Gehör und übernahm in Blois das französische Heer. Obwohl die Lage hoffnungslos erschien, befreite Jeanne am 8. Mai 1429 Orléans, das ein halbes Jahr lang von englischen Truppen belagert worden war.
Charles VII wurde am 17. Juni 1429 in Reims gekrönt, doch statt gemeinsam mit Jeanne Paris zu befreien, kehrte der neue König an die Loire zurück. Daraufhin suchte die Jungfrau von Orléans den Kampf auf eigene Faust, verlor aber die Schlacht von Compiègne und fiel den Engländern in die Hände. In Rouen wurde ihr wegen Hexerei und Ketzerei der Prozess gemacht, am 30. Mai 1431 starb sie 19-jährig auf dem Scheiterhaufen. Seit dem 19. Jh. gilt sie als Nationalheilige Frankreichs. 1920 wurde sie vom Vatikan heilig gesprochen.

LEONARDO DA VINCI

In seinem Werk verbanden sich Kunst und Naturwissenschaften auf eine für seine Zeit einmalige Weise. Die letzten drei Jahre seines Lebens verbrachte das italienische Universalgenie (1452–1519) auf dem Landsitz Le Clos-Lucé bei Amboise. König François I hatte Leonardo da Vinci nach Frankreich eingeladen. Er soll die ersten Pläne für Schloss Chambord entworfen haben.

Seniorenresidenz: Leonardo Da Vinci lebte und arbeitete bis zu seinem Tod auf Le Clos-Lucé

PLANTAGENET-GESCHLECHT

Das Wahrzeichen der Grafen von Anjou ist der Ginster *(planta genista)*, den sich Geoffroi V (1113–1151) an den Helm steckte und damit seiner Familie den Beinamen Plantagenet gab. Die Grundlage für das angevinische (englisch-aquitanische) Reich, das von der Normandie bis zum Baskenland reichte, hatte der streitbare Landgraf Foulques Nerra (972–1040) geschaffen. Er festigte sein Reich mit mächtigen Burgen und Abteien wie Solesmes (1010) oder Ronceray in Angers (1028). Den Höhepunkt der Macht erreichten die Plantagenets mit Henri II, der 1152 Eléonore von Aquitanien heiratete, nachdem deren Ehe mit Louis VII, dem König von Frankreich, unter dem Vorwand der Blutsverwandtschaft aufgelöst worden war. Henri II erbte 1154 das Königreich England und regierte von den Pyrenäen bis Schottland, kapitulierte aber 1189 bei Azay-le-Rideau vor seinem eigenen Sohn Richard Löwenherz, der sich mit dem Sohn Louis' VII, Philippe Auguste, verbündet hatte. Henri II, der 1189 in Chinon starb, hat die Architektur mit dem angevinischen oder Plantagenet-Gewölbe stark beeinflusst: Musterbeispiele für die Kreuzrippenkonstruktion mit hohen Schlusssteinen sind die Abtei von Fontevraud und die Kathedrale St-Maurice in Angers.

RELIGIONSKRIEGE

Im Loire-Tal fiel die Reformation im 16. Jh. auf fruchtbaren Boden. Unter François I wurden die Ideen von Martin Luther und Calvin, der 1528–1533 in Orléans lebte und lehrte, von der Oberschicht übernommen. Die Hugenotten, die französischen Protestanten, bauten von Gien bis Angers ihre Kirchen, die noch heute, wie in Sancerre oder Orléans, *temple* genannt werden.

1562–1598 tobten zwischen den Katholiken und den Protestanten in Frankreich acht Kriege. Die Hugenotten wurden von Deutschland, England und der Schweiz unterstützt, die Katholiken von Spanien. Am Ende jedes Krieges wurden den Hugenotten zwar religiöse und politische Duldung bescheinigt, diese Verträge aber immer wieder ignoriert oder sogar außer Kraft gesetzt. In der Nacht zum 24. August 1572 wurden mit Zustimmung des Königs in der berüchtigten Bartholomäusnacht 2000 Hugenotten ermordet.

In den Schutzgebieten an der Loire kommt selbst das Federvieh royal daher: Wachtelkönig

Das Meucheln ging weiter, als Henri III 1588 den Katholikenanführer Herzog de Guise auf Schloss Blois ermorden ließ, selbst aber im Folgejahr in Tours Opfer eines Anschlags wurde. Erst als der protestantische Thronfolger, Henri de Navarre, zum Katholizismus übergetreten und 1594 als Henri IV zum König gekrönt worden war, wurde mit dem Edikt von Nantes 1598 der blutige Bürgerkrieg beendet.

SCHIFFFAHRT

Es muss ein wunderschönes Bild in der Mitte des 19. Jhs. gewesen sein: Hunderte von Schiffen mit großen Rechtecksegeln kreuzten auf der Loire zwischen Orléans und Angers, versorgten die Städte mit Wein, Tuffstein, Äpfeln, Getreide und Schiefer. Die Eisenbahn hat zu Beginn des 20. Jhs. die Schifffahrt auf dem kapriziösen Fluss trockengelegt. Der *fûtreau* aus Holz oder die *toue,* die mit ihrer Kajüte für längere Lastentransporte ausgelegt war, waren fast verschwunden. In Blois, St-Dyé, in Chaumont-sur-Loire, Amboise, Rochecorbon, Montsoreau und in Le Thoureil liegen die im traditionellen Stil neu gebauten Schiffe heute wieder vor Anker. Auf dem Wasser genießen Naturfreunde und Touristen das Schauspiel; Wein, Tuffstein und Schiefer aber werden weiter auf Straßen und Schienen transportiert.

SOREL, AGNÈS

Sie war jung, schön und intelligent: die Hofdame Agnès Sorel, Mitte des 15. Jhs. die erste offizielle Mätresse in der französischen Geschichte. Der 20 Jahre ältere Charles VII, der seine Krone der Jungfrau von Orléans verdankte, soll seiner Geliebten völlig hörig gewesen sein.

La favorite, also die Herzdame des Königs, liebte den Prunk, sorgte aber auch für kluge Ratgeber am Hof. Die Mätresse residierte zunächst in Chinon, bevor sie nach Loches übersiedelte. Dort starb Agnès Sorel 1450 mit nur 28 Jahren nach offiziellen Angaben an einer Magenverstimmung – hinter vorgehaltener Hand wurde aber von Gift gesprochen, hatte die Geliebte doch zu viel Macht über die Entscheidungen des Monarchen.

ST-MARTIN

Der wichtigste Bischof Galliens hat nicht nur den Katholizismus, sondern auch die Weinreben ins Loire-Tal gebracht. Martin, nach der zeitgenössischen Biografie des Sulpicius Severus um 316 in Sabaria im heutigen Ungarn geboren, war Soldat, als er seinen Mantel mit einem Bettler in Amiens teilte. Martin ließ sich taufen und wurde als wundertätiger Volksmissionar so bekannt, dass ihn das Volk von Tours 371 zum Bischof wählte. Der Heilige starb 397 in Candes. Nach dem Vorbild des Jakobswegs baut ein in Tours ansässiges europäisches Kulturzentrum *(www.saintmartindetours.eu)* seit 2005 verschiedene Pilgerpfade in Frankreich, Ungarn, Slowenien, Kroatien und Deutschland auf den Spuren des Heiligen aus. Erste Teilstrecken zwischen Tours und Chinon sind seit 2008 mit Kilometersteinen ausgewiesen.

UMWELTSCHUTZ

1996 wurde der regionale Naturpark Loire-Anjou-Touraine gegründet. Im Gebiet zwischen Villandry im Osten, Richelieu im Süden, Angers im Westen und dem Tal des Authion im Norden soll die Natur besser vor den Auswüchsen der Zivilisation bewahrt werden. So sind jetzt schon Biber, Fischotter und sogar der Feuersalamander, Wappentier von François I, wieder an der Loire heimisch geworden. 2000 wurde von Sully bis Chalonnes ein 2 km breites und 260 km langes Gebiet mit rund 160 Gemeinden von der Unesco zum Welterbe der Menschheit erklärt.

VOGELWELT

Als einer der letzten naturbelassenen Ströme Europas zieht die Loire mit ihren Sandbänken, Inseln, Sumpfgebieten und Wäldern viele seltene Vogelarten an. Im Wald von Orléans residieren mit Fisch-, Schlangen- und Zwergadler gleich drei Greifvögel der Königsklasse. In den Naturschutzgebieten wie der Brenne sind außer vielen Reiherarten Rohrweihen, schwarze Störche, Uferschnepfen, Flussseeschwalben, Eisvögel und Krickenten zu beobachten.

SON ET LUMIÈRE

1952 entdeckten Lichttechniker die Fassade von Schloss Chambord als Projektionsfläche für ihre Spielereien. Chambord hat „Son et Lumière" mittlerweile zwar aufgegeben, doch nach wie vor leisten sich Amboise, Azay-le-Rideau, Blois, Loches, Villandry und Bourges im Loire-Tal die schönsten Spektakel des Landes. Sie garnieren die Lichtspiele mit Schauspielern in Kostümen, setzen auf Kerzenlicht, lassen die Geschichte von berühmten Filmstars einsprechen und untermalen die Bilder mit maßgeschneiderten musikalischen Kompositionen – so als legten die Traumschlösser für die Nacht ihre Prachtroben an.

ESSEN & TRINKEN

Niemand hat in schöneren Worten von Fress- und Saufgelagen geschwärmt als François Rabelais, der im 16. Jh. die Geschichte der Riesen Gargantua, Grandgousier und Pantagruel zu einer Hymne an gutes Essen und Trinken machte.

Schlemmen ist an der Loire und in ihren Seitentälern immer noch ein Lieblingsvergnügen von Rabelais' Nachfahren. Allerdings sind die Portionen heute nicht mehr so üppig und werden aus Respekt vor Alkoholkontrollen die Gläser lange nicht mehr so oft nachgeschenkt. Die alten Rezepte erleben überall eine Renaissance. Dabei gibt es ***kein typisches*** Gericht an der Loire. Aber regionale Unterschiede wird der Genießer erkennen. Die Sologne steht mit ihren Wäldern wie zu des Dichters Zeiten für ***Wild*** wie *lièvre* (Hase), *chevreuil* (Reh), *sanglier* (Wildschwein) oder *cerf* (Hirsch), die im Herbst mit ***Pilzen*** wie *cèpe* (Steinpilz) oder *girolles* (Pfifferlinge) serviert werden. 3000 Teiche rund um Romorantin sorgen für Nachschub bei ***Süßwasserfischen*** wie *sandre* (Zander), *brochet* (Hecht) oder *carpe* (Karpfen). Romorantin ist zudem für seine Erdbeer- und Spargelproduktion bekannt.

Ein Glück, dass das Missgeschick der Schwestern Tatin als Rezept für ein köstliches, aber kalorienschweres Dessert, die ***tarte Tatin,*** überlebt hat: Den beiden Damen war im 19. Jh. in der Sologne aus Versehen der Apfelkuchen mit der Fruchtseite nach unten in den heißen Backofen gerutscht. Seitdem wird die Süßigkeit immer „gestürzt" gebacken.

 Bild: Ziegenkäse Valençay mit Feigen

Renaissance der alten Rezepte: Halten Sie es mit François Rabelais, der köstliches Essen und guten Wein glühend verehrte

Vor dem Nachtisch ist aber erst einmal Käse angesagt. Zwar gibt es im Städtchen **Sancerre** keine einzige Ziege, aber rings um den Weinbauhügel sorgen die Herden für die Milch, aus der nach alten Rezepten der *crottin de Chavignol* hergestellt wird, einer der fünf **Ziegenkäse** der Region, die mit der Herkunftsbezeichnung AOC *(Appellation d'Origine Contrôlée)* geadelt sind.

Eine Renaissance erlebt das **Haselhuhn** *(géline de Touraine)*, das wegen seiner Faulheit – es legt nicht gerne Eier – fast von den Speisekarten verschwunden war. Rabelais muss das feste, wildähnliche Fleisch dieses Hühnchens genauso gekannt haben wie die Spezialität an Sarthe und Loir, die ***rillettes***. Natürlich soll der Salat mit den lauwarmen Fleischstücken mit Weinessig aus Orléans angemacht sein – oder auch mit **Nussöl** *(huile de noix)*. Weiter im Westen, im Anjou, werden heute wieder Fische wie *anguille* (Aal) und *lamproie* (Neunauge) gefischt, die – die Reben wachsen ja vor der Haustür – in Rotwein aus **Chinon**,

SPEZIALITÄTEN

aloses – frittierte Maifische, die mit Kopf und Schwanz verspeist werden
anguille – in Stücke gehackter Aal, gekocht in Chinon-Rotwein mit Pilzen und Zwiebeln. Köstlich mit der *sauce poulette* aus Eigelb, Weißwein, Pilzen und Petersilie
beurre blanc – Sauce aus geschmolzener Butter mit gehackten Schalotten und einem Schuss Weißwein oder Essig
cotignac d'Orléans – seit dem 15. Jh. bekanntes Quittengelee, verpackt in einer Spanschachtel mit dem Bild der Jungfrau von Orléans (nur noch selten zu bekommen)
crottin de Chavignol – berühmter Ziegenkäse, mit Herkunftsbezeichnung geadelt: runder Handkäse mit harter Schimmelrinde (Foto li.)
forestines de Bourges – Georges Forest hat 1878 das erste gefüllte Bonbon der Welt erfunden, die Familie Tavernier führt die Tradition der *forestines* seit vier Generationen in Bourges weiter. Unter einer festen, rosa, grün oder weiß gefärbten Zuckerschicht entfaltet die Mischung aus Mandeln, Haselnüssen und Schokolade ihren ganzen Geschmack. Die Bonbons werden nach wie vor wie im 19. Jh. von Hand gefertigt
fouace oder fouée – früher ein Teigschnipsel aus Weizen zum Testen der Holzofentemperatur. Ergibt knusprig gebackene Teigtaschen mit Rillettes, Gemüse, Pilzen oder Ziegenkäse gefüllt
galipettes garnies – Riesenchampignons aus den Höhlenkellern rund um Saumur, mit Gemüse oder Hackfleisch gefüllt
lamproie – Neunauge, ein aalähnlicher Fisch, in Rotweinsoße gekocht
poires und pommes tapées – im Holzofen gedörrtes Obst, flach gedrückt und in Gläsern konserviert. Die so gedörrten Birnen *(poires)* oder Äpfel *(pommes)* werden anschließend in Wein, Zuckersirup oder Alkohol eingelegt
rillettes, rillauds, rillons – Schweinebruststücke, die im eigenen Schmalz gegart, zerdrückt und kalt gegessen werden. Die *rillauds* im Anjou oder die *rillons*, wie sie in der Touraine genannt werden, sind größere Stücke, die stundenlang in einer Gemüsebrühe mit Kräutern geschmort und z. B. in Salaten lauwarm serviert werden
tarte Tatin – warmer, gestürzter Apfelkuchen, mit Vanille-Eiskugel oder Crème fraîche serviert (Foto re.)

Bourgueil oder Saumur-Champigny gekocht werden.

„Das ist **der beste** Wein, den ich je getrunken habe", schwärmte schon Henri IV, der 1553, in Rabelais' Todesjahr, geboren wurde: „Wenn ihn jeder im Königreich kosten könnte, gäbe es bald keine Religionskriege mehr." Der **König** sprach vom Rotwein aus Sancerre, der aber nach der Reblauskatastrophe im 19. Jh. fast völlig vom **Weißwein** verdrängt wurde. Heute setzen anspruchsvolle Winzer in den gut 40 registrierten Appellationsgebieten wieder auf alte Rebsorten und traditionelle Anbautechniken. Weinbauern wie Nicolas Joly arbeiten seit mehr als 25 Jahren mit **Biotrauben** und beweisen mit Spitzenlagen wie der *Coulée de Serrant* in Savennières, dass Natur und hohe Qualität ein Paar sind. Gekeltert wird der weiße Tropfen, der ewig lange gelagert werden kann, aus der weißen Chenin-Traube. „Ein Wein **wie Taft"**, urteilte Rabelais, der natürlich auch die weichen, vollen *moelleux*-Weine schätzte, die am Layon aus süßen, edelfaulen Chenin-Trauben hergestellt werden. Beste Lagen sind Bonnezeaux und Quarts-de-Chaume.

Weiße Jahrhundertweine aus Chenin gibt es aber auch am Loir-Fluss, im Weinbaugebiet **Jasnières**, das wie viele andere in Frankreich seinen Ruf mit Überproduktionen fast ruiniert hatte. Jetzt kehren Winzer zu ihren Wurzeln zurück und produzieren auf kleinen Parzellen große Weine. Für **Sekt**, der nach derselben Methode wie in der Champagne gekeltert wird, aber den Namen nicht tragen darf, sind die klassischen Häuser wie *Ackerman* oder *Bouvet-Ladubay* weiter die besten Adressen.

Derzeit erlebt der *Pineau d'aunis,* eine Rotweintraube mit interessantem **Pfeffergeschmack**, eine wohlverdiente Wiedergeburt. Natürlich gibt es auch Klassiker wie den weißen *Sancerre* aus Sauvignon-blanc-Trauben, gewachsen auf feuersteinhaltigem Boden, der im Nachbargebiet Menetou-Salon, aber auch in den Minigebieten Reuilly und Quincy Konkurrenz bekommt.

Gutes Essen und gute Weine müssen nicht unbedingt teuer sein. Das **Tagesmenü** *(menu du jour)* muss in Frankreich nicht

Köstlicher Dreiklang im Anjou: *rilletes,* Baguette und ein kleiner Roter

mehr die klassischen drei Gänge haben. Immer öfter gibt es zum Mittagessen *(déjeuner)* die Kombination Vorspeise *(entrée)* und Hauptgericht *(plat du jour)* oder Hauptgericht und Nachtisch *(dessert).* Und selbst das Abendessen *(diner)* muss auch in **Feinschmeckerrestaurants** nicht unbedingt in Völlerei ausarten, wie sie Rabelais im Mittelalter beschrieben hat. Wer auf Käse oder Kuchen verzichtet, wird schon lange nicht mehr schief angesehen.

EINKAUFEN

Sorgen Sie dafür, dass Sie noch genügend Platz im Kofferraum haben: Angebot und Auswahl an Kunsthandwerk, Wein und Spezialitäten sind im Loire-Tal zu verführerisch, als dass Sie ohne das eine oder andere Mitbringsel heimfahren könnten.

ANTIQUITÄTEN

Schnäppchenjäger sind in den Antiquitätenläden von Tours, Angers, Orléans und La Chartre-sur-le-Loir gut aufgehoben. Ein wichtiger Umschlagplatz ist der Markt *Puces de Montsoreau* jeden zweiten Sonntag eines Monats am Ufer der Loire. Der Nachschub an Möbeln und Objekten aus den tausend Schlössern und Herrensitzen des Loire-Tals fließt nicht mehr so reichlich wie in manchen Jahren des letzten Jahrhunderts, aber Kenner ergattern immer noch seltene Stücke.

KUNSTHANDWERK

Das Kunsthandwerk der Region ist zwar nicht mehr unbedingt günstig. Für den Preis bekommen Sie allerdings auch hohe Qualität. Die Fayence- und Keramikmanufakturen in Gien *(www.gien.com)* und in Malicorne *(www.faiencerie-malicorne.com)*, in Mehun-sur-Yèvre an der sogenannten Porzellanstraße *(www.poleporcelaine.fr)* rund um Bourges oder in Les Rairies im Anjou *(www.rairies.com)* verharren längst nicht mehr nur in der Tradition, sondern öffnen sich für modernes Design. Den jüngsten Beweis dafür liefert das in einem Tuffsteinfelsen eröffnete Kunsthandwerkerdorf in Turquant (127 D5) *(E7)* mit seiner *Boutique Métiers d'Art (rue du Château Gaillard | www.turquant.fr)*, in der vor allem die Glasbläser, Keramiker, Schmuckhersteller und Designer der kleinen Kommune ihre Produkte präsentieren.

SPEZIALITÄTEN

Für Gourmets ist die Auswahl im Loire-Tal enorm groß. Natürlich finden Sie die Cointreau-Flasche mit dem seit 1849 in Angers produzierten Orangenlikör auch zu Hause. Aber die Liköre aus dem Hause *Combier* in Saumur, Köstlichkeiten wie das Quittengelee *(cotignac)* von Orléans, die Schokoladenspezialität im Schieferdesign aus Angers *(quernons d'ardoise)*, die Kirschen in kandiertem Maronenteig *(muscadin)* aus Langeais oder die ersten gefüllten Bonbons der Welt, die *forestines* aus Bourges, müssen Sie daheim lange suchen. Ganz zu schweigen von den Fischdelikatessen aus der Loire wie Aal,

Schauen, kaufen, genießen: Weinkeller, Märkte und Porzellanwerkstätten sind wahre Fundgruben – nicht nur für Kenner

Neunauge oder Zander, die in Konserven ohne Probleme die Heimreise überstehen. Auch beim Käsekauf ist die Qual der Wahl groß: Soll's der kleine runde *crottin de Chavignol* sein, die mit Asche bestreute stumpfe *pyramide de Valençay* oder der Käseschelt auf seinem Strohhalmbett aus *Ste-Maure-de-Touraine*? Die Feinschmeckerdöschen mit Schweinefleisch in Schmalz, die zwischen Angers, Tours, Blois, Vouvray und Vendôme in allen Varianten als *rillauds, rillons* oder *rillettes* zubereitet werden, dienen schon auf der Heimfahrt als köstlicher Brotaufstrich.

WEIN

Die Spitzenweine und der Sekt aus Saumur sind immer noch günstiger als die Konkurrenz aus anderen Regionen Frankreichs. Lassen Sie sich Zeit beim Probieren in den Weinkellern von Sancerre, Chinon oder auf den Hügeln des Layon. Die Weinhäuser *(maisons de vin)* in Städten und Gemeinden geben einen guten Überblick über die Produktion der einzelnen Gegenden mit einer großen Auswahl von verschiedenen Winzern *(www.vinsdeloire.fr)*. Die besten Adressen sind die *Maison des Sancerre (3, rue du Méridien | www.maison-des-sancerre.com)* gleich neben der Kirche, die *Maison du Vin* in Saumur *(quai Carnot | Tel. 0241384583)* am Loire-Ufer, die *Maison du Vin et des Produits du Terroir Vendômais (Ancienne gare | Thoré-La-Rochette | Tel. 0254727397)*, die *Maison des Vins de Loir-et-Cher* in Blois *(11, place du Château | Tel. 0254747666)*, die *Maison des Vins* in Bourgueil *(16, place de l'Eglise | www.vinbourgueil.com)*, die *Maison des Vins de Loire* in Angers *(3bis, place Kennedy | Tel. 0241888113)*, die *Maison des Vins de Loire* in Tours *(25, rue du Grand Marché | Tel. 0247605521)* mit Informationszentrum oder *La Maison des Vins et du Tourisme du Véron (14, rue du 8 mai 1945 | Beaumont-en-Véron | www.lamaisondesvinsduveron.com)*. Überall in der Gegend finden Sie zudem Winzer, die ihre Weinkeller für Interessenten öffnen.

CHER & SOLOGNE

Die Sologne, das 5000 km² große Waldgebiet mit 3000 Teichen im Dreieck der Städte Orléans, Blois und Vierzon, war jahrhundertelang eine der ärmsten Gegenden Frankreichs.

Die für Autofahrer wenig interessante Region erschließt sich jenen als großes Naturparadies, die zu Fuß oder per Rad unterwegs sind. Lieblich und einladend sind die Weinberge von Sancerre und Menetou-Salon mit ihrer großen Tradition.

BOURGES

(131 D5) (*🗺 L–M7*) **Egal aus welcher Richtung Sie kommen, schon weit vor den Stadttoren sehen Sie in der Ferne die imposante Kathedrale auftauchen.**

Bourges (71000 Ew.), das römische Avaricum, war Schauplatz des großen Eroberungsfeldzugs Julius Cäsars, bei dem 52 v. Chr. rund 40000 Gallier starben. Zwischen dem 12. und dem 15. Jh. erlebte die Stadt ihr goldenes Zeitalter. Heute setzt Bourges, das lange Zeit von der Rüstungsindustrie lebte, vor allem auf Kultur, hat 1964 die erste *Maison de la Culture* im Land eröffnet und ist seit 1977 mit dem Festival *Printemps de Bourges* ein beliebter Treffpunkt für Musiker aus der Pop-, Rock- und Folkszene der ganzen Welt.

SEHENSWERTES

Die städtischen Museen in Bourges sind für alle kostenlos und von 10–12 sowie

Bild: in der Kathedrale von Bourges

Wasserschlösser, Wälder und Wein: Von einer der ärmsten Gegenden Frankreichs zu einer Region bescheidenen Wohlstands

von 14–18 Uhr, im Hochsommer bis 18.30 Uhr geöffnet. Besonders empfehlenswert ist das Kunstgewerbemuseum im *Hôtel Lallemant (6, rue Bourbonnoux | Mo geschl.)*, das Möbel, Tapisserien, Fayencen sowie Malerei des 16. bis 19. Jhs. beherbergt. Das ehemalige Patrizierhaus ist wie das heute als Heimatmuseum eingerichtete *Hôtel Cujas (4–6, rue des Arènes | Di geschl.)* auch in architektonischer Hinsicht interessant: Zu Beginn des 16. Jhs. läuteten die beiden Gebäude die Renaissance in Bourges ein.

ALTSTADT

Die Altstadt mit Fachwerkhäusern und Patrizierbauten aus Gotik und Renaissance steht schon seit 1965 unter Denkmalschutz. Ein schöner Rundweg *(rund 1,5 Std., Broschüre in deutscher Sprache gibt es im Office de Tourisme)* führt von der mächtigen Kathedrale über die *Rue Bourbonnoux*, die *Place Gordaine*, die *Place Cujas* (mit der *Maison des Forestines*, in der vor über 100 Jahren das gefüllte Bonbon erfunden wurde) und die *Rue Jacques Cœur* zu den wichtigsten Gebäuden. Für ausgedehnte Gourmetpausen empfehlen sich vor allem die liebevoll dekorierten Kaffee- und Teehäuser von Bourges wie etwa *Cake Thé* an der Stadtmauer *(tgl. 15–18 Uhr | passage des remparts | Tel. 02 48 24 94 60 | www.cak-t.com)* oder aber auch *Au Rendezvous de George Sand (tgl. 10.30–18 Uhr | 3, place des 4 piliers | Tel. 02 48 24 08 45 | aurendezvousdegeorge sand.wordpress.com)* am Palais Jacques Cœur und *L'Enchan'Thé (Di–Sa 10–18.30 Uhr | 3, place des 4 piliers | lenchanthe bourges.wix.com/salondethe)*.

CHÂTEAU D'EAU

Bis 1940 war dieses Gebäude mit der Backsteinfassade und dem kunstvoll gestalteten Giebel der Wasserturm für die Stadt Bourges. Heute ist aus dem Château d'Eau das Château d'Art geworden, das in erster Linie zeitgenössische Kunst präsentiert. *Di–So 15–19 Uhr | Eintritt frei | Place Séraucourt*

KATHEDRALE ST-ETIENNE ★

Eine der besonders schönen gotischen Kathedralen in Frankreich, errichtet im 12./13. Jh. und 1992 von der Unesco zum Welterbe erklärt. Beeindruckend sind unter anderem das Hauptportal mit den Szenen des Jüngsten Gerichts, die herrlichen Glasfenster aus dem 13., 15. und 16. Jh. sowie die Orgel mit ihren 3430 Pfeifen aus dem 17. Jh. Die Besichtigung der Krypta und die Turmbesteigung – nach 396 Stufen bietet sich eine wunderschöne Aussicht über die ganze Stadt – kosten Eintritt *(7,50 Euro, Kombiticket mit Palais Jacques Cœur 11 Euro)*.

In der Altstadt von Bourges lehnen sich Fachwerkhäuschen fotogen aneinander

LES MARAIS

Diese grüne Lunge im Nordwesten der Stadt bilden rund 1500 Schrebergärten in einem ehemaligen Sumpfgebiet von 1,5 km^2 Größe. An jedem ersten Septemberwochenende wird hier, 15 Minuten zu Fuß von der Kathedrale entfernt, die

INSIDER TIPP *Fête des Marais* gefeiert, ein Volksfest mit viel Musik, Flohmarkt, Vorführungen der Feuerwehr und Kahnfahrten auf den Kanälen. *Zugang über av. Max Dormoy*

MUSÉE DES MEILLEURS OUVRIERS DE FRANCE

Im ehemaligen erzbischöflichen Palast nur ein paar Schritte von der Kathedrale entfernt beherbergt Bourges ein Museum, das den besten Handwerkern Frankreichs gewidmet ist. Dauerausstellung mit Meisterwerken aus 200 Berufen, die seit 1924 von der französischen Regierung mit Preisen bedacht wurden. *Di–So 10–12 und 14–18 Uhr*

PALAIS JACQUES CŒUR

Er war nur der Sohn eines einfachen Händlers in Bourges, stieg aber unter König Charles VII unaufhaltsam auf – erst zum königlichen Schatzmeister und dann zum Außenminister. Als Bankier, Waffenhändler und Importeur wurde Jacques Cœur schließlich unermesslich reich und baute sich 1443 auf der gallisch-römischen Stadtmauer einen seiner Stellung angemessenen, großen gotischen Palast. *Führungen tgl. 9–12, 14–17 Uhr, Hochsaison bis 18 Uhr | 7,50 Euro | 10 bis, rue Jacques Cœur*

ESSEN & TRINKEN

LE BOURBONNOUX

Das Ehepaar Huard betreiben das traditionelle Restaurant in der Altstadt. Produkte der Region, gutes Preis-Leistungs-Verhältnis. *Fr, Sa-Mittag, So-Abend geschl. | 44, rue Bourbonnoux | Tel. 02 48 24 14 76 | www.bourbonnoux.com* | €€

LA P'TITE TABLE

Das kleine Lokal zwischen Altstadt und Marais pflegt regionale Küche zu günstigen Preisen. Das Gemüse stammt aus dem eigenen Garten. *Sa-Mittag, So, Mo geschl. | 53, rue Edouard Vaillant | Tel. 02 48 24 56 10* | €

LA PROSE

Nahe der Place Gordaine serviert Christine Rocher Chapelotte *slow food* mit frischen Zutaten aus der Umgebung und ausgesuchte Weine der Region. Empfehlenswert ist das *Menu Bistrot. So, Mo geschl. | 7, rue Jean Girard | Tel. 02 48 70 70 30 | www.restaurant-la-prose.com* | €€

AM ABEND

Als Universitätsstadt mit ca. 3500 Studenten beherbergt Bourges viele Cafés,

MARCO POLO HIGHLIGHTS

★ **Kathedrale St-Etienne**
Die Kirche im Zentrum von Bourges ist seit 1992 Unesco-Welterbe. 396 Stufen führen hinauf zum Turm mit wunderschöner Aussicht auf die ganze Stadt → S. 34

★ **Sancerre**
Seit der Antike für seinen Wein bekannt setzen Sancerres Winzer heute auf biologischen Anbau → S. 37

★ **Son et Lumière Bourges**
Im magisch blauen Licht zeigt sich jeden Sommerabend die besondere Schönheit der Innenstadt → S. 36

★ **Briare**
Einmaliges Erlebnis: Mit dem Schiff auf der Wasserbrücke von Gustave Eiffel über der Loire fahren → S. 39

Bars und Diskos wie die Bar *Made in Café (3, place du Général Leclerc | www.madeincafe.com)* mit Restaurant und Livekonzerten.

ÜBERNACHTEN

LES BONNETS ROUGES

Der berühmte französische Schriftsteller Stendhal war schon Gast in der ehemaligen Poststation aus dem 15. Jh. Heute freuen sich die Gäste über großzügige, mit schönen Holzmöbeln, alten Truhen und geschmackvollen Stoffen dekorierte Gästezimmer mitten in der Stadt. Bei schönem Wetter nehmen Sie Ihr Frühstück im Innenhof ein. Die Grenier-Suite bietet einen tollen Blick auf die Kathedrale. *4 Zi. | 3, rue de la Thaumassière | Tel. 0248657992 | www.bonnetsrouges-bourges.fr* | €€

HÔTEL D'ANGLETERRE

Renoviertes Haus mitten in der Stadt nahe dem Palais Jacques Cœur. *31 Zi. | 1, place des 4 piliers | Tel. 0248246851 | www.bestwestern-angleterre-bourges.com* | €€€

HÔTEL DE PANETTE

Ein außergewöhnliches Gästehaus im mittelalterlichen Zentrum. Im Palast aus dem 18. Jh. mit schönem Garten liegen die Gästezimmer und Appartements mit historischen Möbeln und modernen Badezimmern. Im 19. Jh. saß hier ein paar Jahre lang Charles de Bourbon (Don Carlos) fest, den sein Bruder nicht auf den spanischen Thron gelassen hatte. *3 Zi., 8 Apts. | 1, rue Henri Ducrot | Tel. 0248506001 | www.panette.fr* | €€€

LE PÉLICAN

Einfache Zimmer in einem Fachwerkhaus aus dem 16. Jh. mitten in der Altstadt. Camille Sanogo serviert das Biofrühstück bei schönem Wetter im kleinen Innenhof. *3 Zi. | 82, rue Bourbonnoux | Tel. 0606454211 | cbodelet.wix.com/lepelicanbourges* | €

LOW BUDG€T

Der mittelalterliche Stadtkern von Bourges präsentiert sich in Frühlings- und Sommernächten jeden Abend *(Mai, Juni, Sept. Do–Sa, Juli/Aug. tgl. vom Sonnenuntergang bis Mitternacht)* wie im Märchen, inkl. kostümierter Schauspieler. Die ganze Stadt ist ★ ● in magisch blaues Licht getaucht. Im Gegensatz zu vielen anderen „Son et Lumière"-Spektakeln ist der zweistündige Weg durch die Stadt aber kostenlos.

Die *Auberge de St-Thibault* in dem Ort St-Satur, 3 km östlich von Sancerre in Richtung Loire gelegen, ist eine der günstigsten Adressen in der gesamten Weingegend von Sancerre. Die fünf einfachen Zimmer sind fast so billig wie in einer Jugendherberge, das Restaurant bietet dazu ein erstklassiges Preis-Leistungs-Verhältnis. *Mi, Do geschl. | 37, rue Combes | Tel. 0248780410 | www.hotel-restauration-st-thibault-18.com*

AUSKUNFT

OFFICE DE TOURISME

21, rue Victor Hugo | Tel. 0248230260 | www.bourges-tourisme.com

ZIELE IN DER UMGEBUNG

MEHUN-SUR-YÈVRE (130 C5) (*L7*)

Dieses kleine Städtchen (7350 Ew.) etwa 12 km nordwestlich von Bourges hat in der Vergangenheit recht glorreiche Tage erlebt, als Charles VII im Jahr 1422 zum König erklärt wurde und Jeanne d'Arc einige Monate hier verbrachte, bevor sie Orléans von den Engländern befreite. Wunderschön ist der Park an den Ufern des Yèvre-Flusses *(Les Jardins du Duc Jean de Berry)* mit der Schlossruine, der romanischen Kirche, alten Mühlen und dem Porzellanzentrum.

Eine gute Adresse zum Essen und Übernachten zwischen den Weingegenden von Quincy, Reuilly und Menetou-Salon ist INSIDER TIPP Les Aubuées *(5 Zi. | 51, route de Montcorneau | Barmont | Tel. 02 48 57 08 24 | lesaubuees.free.fr | €€ | Abendessen €€)*. Info: *Office de Tourisme | place du 14 juillet | Tel. 02 48 57 35 51 | www.ville-mehun-sur-yevre.fr*

SANCERRE ★ (131 E4) *(M N6)*
Idyllisch schmiegt sich die kleine Stadt (2000 Ew.) 46 km nordöstlich an den 321 m hohen Hügel über der Loire. Seit der Antike ist der Ort bekannt für seinen Wein. Vom *Verkehrsamt (Esplanade de la Porte César | Tel. 02 48 54 08 21 | www.tourisme-sancerre.com)* aus lohnt sich der Spaziergang durch die Altstadt mit ihren Straßencafés und Restaurants bis zur *Tour des Fiefs*, dem einzigen Rest des 1621 zerstörten Schlosses. Die Winzer der Gegend haben sich zur *Maison des Sancerre (3, rue du Méridien | Tel. 02 48 54 11 35 | www.maison-des-sancerre.com)* zusammengeschlossen. Vertreten ist dort z. B. die große *Domaine Fouassier (180, av. de Verdun | Tel. 02 48 54 02 34 | www.fouassier.fr)*, die wie viele kleinere Weinbauern inzwischen auf biologischen Anbau der Trauben schwört und gleich gegenüber vom Weingut Ferienwohnungen *(www.lahalteduta cot.com | €)* für 10 Personen anbietet. Eine herrliche Aussicht bietet das *Hôtel Le Panoramic (57 Zi. | rempart des Augustins | Tel. 02 48 54 22 44 | www.panoramic otel.com | €€–€€€)*. Eine gute Adresse ist auch *Le Clos St-Martin (41 Zi. | 10, rue St-Martin | Tel. 02 48 54 21 11, www.leclos-saintmartin.fr | €–€€)* in der ehemaligen Zitadelle von Sancerre.

Seit der Antike macht Sancerre in Wein – mit allerfeinstem Ergebnis

GIEN

(131 D2) *(M M5)* **Für Besucher, die vom Osten her anreisen, ist Gien (16 000 Ew.) die erste Schlösserstadt an der Loire.**
Den schönsten Blick auf Gien, das im Zweiten Weltkrieg zwar fast völlig zerstört, aber mit alten Materialien wieder aufgebaut wurde, bietet das linke Ufer des Flusses: Das sandfarbene Wasser, die Bogenbrücke über die Loire und

das Schloss machen Gien zu einer Augenweide.

SEHENSWERTES

CHÂTEAU DE GIEN

Anne de Beaujeu, Tochter von Louis XI, ließ das Schloss Ende des 15. Jhs. auf alten Grundmauern aus Backstein, Schiefer und weißen Quadern neu aufbauen. Der junge Louis XIV, Anne d'Autriche und Minister Jules Mazarin nutzten Gien 1652 als Versteck, nachdem sie vor der Fronde – den Gegnern des Hochadels – aus Paris geflüchtet waren.

Das Schloss, das Frankreichs größtes Jagdmuseum beherbergt, ist derzeit nur von außen zu besichtigen. Bei Redaktionsschluss aber standen der Abschluss aufwendiger Renovierungsarbeiten und die Wiedereröffnung unmittelbar bevor.

MUSÉE DE LA FAÏENCERIE

Der Engländer Thomas Hall gründete 1821 die Faïencerie in einem alten Kloster an der Loire. Ursprünglich war Gien auf Gebrauchsgeschirr nach Vorbildern aus England und Frankreich spezialisiert, entwickelte sich aber Ende des 19. Jhs. bis zum Ersten Weltkrieg zu einer weltweit bekannten Fabrik, die 1500 Menschen beschäftigte. Gefragt war vor allem das strahlende *bleu de Gien*, eine Farbe, deren Zusammensetzung bis heute wie ein Geheimnis gehütet wird. Das Unternehmen hat ein Fayencemuseum eingerichtet, das jedes Jahr Sonderausstellungen organisiert. *Mo–Sa 9–12, 14–18 Uhr | 78, place de la Victoire | 5 Euro | www.gien.com*

ESSEN & TRINKEN

LA POULARDE

Hier wird traditionelle Küche im eleganten Saal auf dem Porzellan aus der Manufaktur von Gien und Möbeln im Louis-XVI-Stil serviert. Das Haus bietet auch neun Zimmer, z. T. mit Blick auf die Loire (€–€€). *So–Abend, Mo geschl. | 13, quai de Nice | Tel. 02 38 67 36 05 | www.lapoularde.fr* | €€

Ganz schön auffällig für ein Versteck: Im Château von Gien verbarg sich Louis XIV vor der Fronde

ÜBERNACHTEN

CAMPING DE GIEN

Chantal Cosson war eine der Ersten in Frankreich, die auf ihrem Campingplatz Zigeunerwagen aufgestellt hat. Die sieben Holzhäuser auf Rädern in der Anlage mit Blick auf das Schloss von Gien sind für bis zu 4 Personen ausgelegt, verfügen zum Teil über eine Küche und werden für eine Nacht, ein Wochenende oder eine Woche vermietet. *Rue des Iris | Poilly-lez-Gien | Tel. 02 38 67 12 50 | www.camping-gien.com | €*

LES DAMERAUDES

Mitten im Städtchen liegt das Herrenhaus aus dem Jahr 1910 in einem großzügigen Garten mit 100-jährigen Bäumen, Rosen und Schwimmbad. *2 Zi. | 24, avenue Président Wilson | Tel. 06 51 53 32 44 | www.chambresdhotes-gien.fr | €€*

DOMAINE DE STE-BARBE

Gästezimmer in einem alten Bauernhof aus dem 18. Jh., eingerichtet mit alten Möbeln. Schwimmbad und Tennisplatz. *4 Zi. | Annie et Jean-Michel Le Lay | Hameau Ste-Barbe | route de Lorris | Nevoy, ca. 4 km im Nordosten von Gien (ausgeschildert) | Tel. 02 38 67 59 53 | www.sainte-barbe.net | €€*

AUSKUNFT

OFFICE DE TOURISME

Place Jean Jaurès | Tel. 02 38 67 25 28 | www.gien-tourisme.fr

ZIEL IN DER UMGEBUNG

BRIARE ★ (131 E2) (*M5*)

In dem kleinen Städtchen (6200 Ew.), 10 km südöstlich von Gien, wurde im 19 Jh. unter Mitarbeit des Eiffelturm-Konstrukteurs Gustave Eiffel die mit 662 m längste Wasserbrücke Europas gebaut. Wer möchte, kann in Briare Schiffe entweder tage-, wochen- oder auch monatsweise mieten bei *Charmes Nautiques (Port du Pont-Canal | April–Okt. | Tel. 02 38 31 28 73 | www.charmes-nautiques.com)*. Ein Ausflug im Boot auf der Kanalbrücke dauert 1 Std. *(Juli/Aug. tgl., sonst So jeweils ab 15 Uhr | 4,50 Euro | Abfahrt Port de Commerce | Tel. 02 38 37 12 75 | www.bateaux-touristiques.com)*. Planwagen, Baumhäuser oder Safarizelte zum Übernachten bietet *Family Ecolodge (La Borde | Batilly-en-Pousaye | 13 km im Südosten | Tel. 02 38 31 83 20, www.family-ecolodge.com | €€)*. Spielplätze für Kinder, Schafe und Esel auf dem Gelände. Auskunft: *Office de Tourisme | 1, place du Général de Gaulle | Tel. 02 38 31 24 51 | www.briare-le-canal.com*

ROMORANTIN-LANTHENAY

(130 B4) (*K6*) **Die kleine Hauptstadt der Sologne (18 000 Ew.), idyllisch an den Armen des Sauldre-Flusses gelegen, war im 18. Jh. ein wichtiges Textilzentrum.**

Heute ist sie ein guter Ausgangspunkt für Entdeckungen in der Sologne mit dem Verein *Sologne Nature Environnement (SNE)*, der auf den Status eines regionalen Naturparks hinarbeitet *(Tel. 02 54 76 27 18 | www.sologne-nature.org)*.

SEHENSWERTES

ESPACE AUTOMOBILES MATRA

Die Geschichte von Aufstieg und Fall einer feinen Autoschmiede, die einst Formel-1-Rennen gewann und mit dem Renault Espace Europas erste Großraum limousine konzipierte, aber am Luxuscoupé Avantime scheiterte, wird in diesem Museum dokumentiert. *17, rue des Capucins | Mi–Mo 10–12, 14–18 Uhr | 6 Euro | www.museematra.com*

MUSÉE DE SOLOGNE

In dem Museum in zwei alten Mühlen und dem *Jacquemart*-Turm wird die Geschichte der Region dokumentiert, in der einst Leonardo da Vinci eine neue Königsresidenz bauen sollte. *Moulin du Chapitre | Mo, Mi–Sa 10–12, 14–18, So 14–18 Uhr | 6 Euro | www.museedesologne.com*

ESSEN & TRINKEN

AUBERGE DU PRIEURÉ

Etwas außerhalb von Romorantin legt das Restaurant in einem ehemaligen Klostergebäude den Schwerpunkt auf Gemüse, Obst und Fisch aus der Sologne. *5, route de Romorantin | Lassay-sur-Croisne | So- und Di-Abend sowie Mi geschl. | Tel. 02 54 83 91 91 | www.auberge-du-prieure.fr* | €€

LE LANTHENAY

Alain Champion hat das ehemalige Sternerestaurant neben der Kirche von Lanthenay übernommen und das Haus gründlich renoviert. *So-Abend, Mo geschl. | 9, rue Notre Dame du Lieu | Tel. 02 54 98 35 94 | hotel-restaurant-le-lanthenay.fr* | €€

FREIZEIT & SPORT

In der Sologne mit ihren Wäldern und Teichen informiert über Wanderpfade der Verein *Sologne Nature Environnement*

BÜCHER & FILME

Monsieur Claude und seine Töchter – Zentraler Schauplatz der Filmkomödie, die Philippe de Chauveron 2014 gedreht hat, ist Chinon. Dort leben Monsieur Claude, seine Frau Marie und ihre vier Töchter, die nacheinander einen Juden, einen Muslim, einen Chinesen und einen katholischen Afrikaner von der Elfenbeinküste heiraten. Globalisierung im Provinzstädtchen, in dem einst François Rabelais geboren wurde.

Die Jugend des Henri Quatre – Heinrich Manns Roman von 1935 befasst sich mit dem Herrscher, der Ende des 16. Jhs., Anfang des 17. Jhs. Frankreich befriedete. Beim Volk blieb Henri IV als Erfinder der *poule au pot* in Erinnerung, als der König, der den Untertanen eine Fleischmahlzeit pro Woche versprach.

Ogmius oder das Geheimnis des Étienne Bouvet – Geoffrey Ratounis, Professor an der Universität von Angers, hat die Geschichte von Étienne Bouvet, dem Gründer des Sektunternehmens Bouvet-Ladubay, als fesselnden Roman geschrieben, der die Geschichte der Firma vom 19. Jh. bis heute mit tausend Anekdoten nachzeichnet und in deutscher Sprache erschienen ist.

Fanfan, der Husar – Das Château du Plessis-Bourré im Anjou war einer der wichtigsten Drehorte für die Wiederauflage (2003) des französischen Mantel- und Degenfilms „Fanfan, la Tulipe", den Gérard Philipe 1952 zum Welterfolg machte. Die Neuauflage von Regisseur Gérard Krawczyk ist prominent besetzt mit Penelope Cruz und Vincent Perez.

(parc de Beauvais | Tel. 02 54 76 27 18 | www.sologne-nature.org). Detaillierte Wandervorschläge und Tipps für Ausflüge z. B. zum Vogelbeobachtungszentrum am *Etang de Beaumont* gibt die *Communauté des Communes de la Sologne des Etangs (Domaine de Villemorant | Neung-sur-Beuvron | Tel. 02 54 94 62 00 | www.sologne-des-etangs.fr).*

ÜBERNACHTEN

FERME DES FOUCAULT

Wer die Einsamkeit der malerischen Sologne ganz ausgiebig genießen möchte, der ist in den großzügigen Gästezimmern dieser *ferme*, etwa 20 km nordöstlich an der Landstraße zwischen Marcilly und Sennely, bestens aufgehoben. *3 Zi. | Rosemary Beau | Ménestreau-en-Villette | Tel. 02 38 76 94 41 | www.ferme-des-foucault.com | €€*

LE MANOIR

In Contres (27 km im Westen) hat das deutsch-französische Paar Maria und Victor Orsenne in einem wunderschönen Herrensitz mit großem Garten ein Hotel und ein Feinschmeckerrestaurant *(€€–€€€)* eingerichtet. *8 Zi. | 23, rue des Combattants en AFN | Tel. 02 54 78 45 39 | www.manoirdecontres.com | €€€*

AUSKUNFT

OFFICE DE TOURISME

Place de la Paix | Tel. 02 54 76 43 89 | www.tourisme-romorantin.com

ZIEL IN DER UMGEBUNG

LAMOTTE-BEUVRON (130 B3) (*K5*)

Diese Kleinstadt (4300 Ew.), rund 40 km im Nordosten von Romorantin-Lanthenay, ist berühmt für die *tarte Tatin*, die köstliche, gestürzte Apfeltarte, die heute noch im *Hotel-Restaurant Tatin (im Winter So-Abend und Mo geschl. | 5, av. de Vierzon | Tel. 02 54 88 00 03 | www.hotel-tatin.fr | €€ | auch 14 Zi. | €€)* zelebriert wird.

Napoleons Partyschloss: Valençay

VALENÇAY (129 D5) (*J7*)

Charles-Maurice de Talleyrand, der Außenminister von Napoleon Bonaparte, hat das Schloss aus dem 16. Jh. im Auftrag des Kaisers nach 1803 für die großen Staatsempfänge umgebaut. Das Gebäude mit seinen beeindruckenden Proportionen liegt in einem 50 ha großen Park und präsentiert in den herrschaftlichen Zimmern und Appartements kostbare Möbel und Kunstwerke aus der Zeit Napoleons. Jeden Herbst geht im Empiresaal des Schlosses ein *Musikfestival mit historischen Instrumenten* über die Bühne. *April–Dez. tgl. 11–17, im Sommer 9.30–18.30 Uhr | Eintritt 12,50 Euro | www.chateau-valencay.fr*

BLOIS & ORLÉANS

Blois war im 16. Jh. der Sitz der französischen Könige; Orléans, im Mittelalter eine blühende Stadt, hatte alle Trümpfe, um Frankreichs Hauptstadt zu werden, verlor aber schließlich gegen das geografisch sicherer gelegene Paris. Beide Städte an der Loire, Blois und Orléans, leben noch heute von jenen glanzvollen, längst vergangenen Zeiten.

Orléans ist wieder ein wichtiges Handelszentrum und mit einer großen Universität auf die Zukunft ausgerichtet. Blois hingegen blieb im Schatten seines majestätischen Schlosses klein, aber fein. Nicht zu vergessen: das schöne Städtchen Vendôme. Es eignet sich hervorragend als Ausgangspunkt für schöne Ausflüge in das ruhigere, bescheidenere Tal des Loir.

BLOIS

KARTE IM HINTEREN UMSCHLAG

(128 C3) (*J5*) **Diese Ansicht wird sich Ihnen tief ins Gedächtnis graben: die große Brücke über die Loire, die Häuser am Flussufer, die Kathedrale und darüber die Mauern des Schlosses.**

Blois (52 000 Ew.) ist aber weit mehr als nur einstige Königsresidenz. Das werden Sie feststellen, wenn Sie über die monumentale Treppe, den *Escalier Denis Papin* – zu Ehren des Mathematikers (1647–1714), der als Erfinder der Dampfmaschine gilt – , am Tor zur Innenstadt spazieren, wenn Sie durch die engen Gassen und herrlichen Parkanlagen Blois' flanieren.

 Bild: Schloss Chambord

Ruhm und Glanz vergangener Zeiten: Die Schlösser um Blois, Orléans und Vendôme sind die Höhepunkte einer Reise an die Loire

SEHENSWERTES

CHÂTEAU DE BLOIS ★ ●

Über vier Jahrhunderte haben Herrscher die Stadt um- und ausgebaut. Aus dem Mittelalter ist nur ein Gebäude geblieben, das mit dem Generalständesaal *(salle des états généraux)* aber den größten gotischen Raum Frankreichs aus dem 13. Jh. beherbergt. Aus Back- und Sandsteinen ließ sich Louis XII im 15./16. Jh. einen Flügel errichten, der erste italienische Einflüsse zeigt. Im 1. Stock ist heute das *Musée des Beaux Arts* mit Gemälden der Renaissancezeit untergebracht.

Spektakulärstes und bekanntestes architektonisches Detail des Schlosses ist der *Wendeltreppenturm* aus der Renaissance, den François I zwischen 1515 und 1520 bauen ließ. Die ehemalige Küche des Flügels beherbergt heute das *Archäologische Museum* und das *Lapidarium*. Ein Meisterwerk klassizistischer Architektur wiederum ist der aus den Jahren 1635 bis 1638 stammende Flügel von Gaston d'Orléans. Trotz der unterschiedlichen

Stile ist das Schloss von Blois eine harmonische Einheit geworden. Sehenswert, auch wegen der vielen Geheimfächer, in denen sie ihre Gifte aufbewahrt haben soll, ist zudem das Schlafzimmer von Katharina von Medici, der Frau von Henri II, Mutter der Könige François II, Charles IX

Dauerbaustelle Blois: Der gotische Saal entstand als erster Teil des stets umgebauten Schlosses

und Henri III, die 1589 in Blois starb. Beeindruckend ist das Königszimmer, in dem der katholische Herzog von Guise 1588 auf Geheiß von Henri III ermordet wurde. Auf dem *Schlossplatz* ließ Jeanne d'Arc auf dem Weg nach Orléans 1429 ihre Standarte vom Bischof weihen. *Im Winter tgl. 9–12.30 und 13.30–17.30, April–Okt. tgl. 9–18.30, Juli, Aug. bis 19 Uhr | 10 Euro | April–Ende Sept. tgl. Licht-Ton-Schau (Son et Lumière) im Schlosshof ab 22 Uhr (Juni, Juli 22.30 Uhr), Mi auf Englisch, Kombiticket Schloss/Schau 15,50 Euro*

INSIDER TIPP FONDATION DU DOUTE

Fluxus-Altmeister Ben Vautier führt Regie im Museum, das der Performancekunst der 1960er- und 1970er-Jahre mit Künstlern wie Nam June Paik, Yoko Ono, Ben Patterson und Wolf Vostell huldigt. Im Café *Le Fluxus (€)* gibt es als Snacks tolle Kreationen zum selben Thema. *Winter Mo–Do, Sommer Mo, sonst Mo/Di geschl., 14–18.30 Uhr | 7 Euro | 14, rue de la Paix | www.fondationdudoute.fr*

MAISON DE LA BD

Für die Fans der in Frankreich populären Comics (Bande Dessinée bzw. BD) hat der Verein *BD Boum* ein kleines Museum eingerichtet, das Workshops organisiert und die Geschichte der gezeichneten Geschichten erklärt. Sonderausstellungen und im Nov. ein dreitägiges Festival. *Di–Sa 9.30–12 und 14–17.30 Uhr | Eintritt frei | 3, rue des Jacobins | www.bdboum.com*

ESSEN & TRINKEN

L'EMBARCADÈRE

Restaurant direkt am Ufer der Loire mit einer neuen Terrasse und schönem Blick auf den Fluss. Regionale Spezialitäten, junges Team. *16, quai Ulysse Besnard |*

Tel. 02 54 78 31 41 | www.lembarcadere.fr | €–€€

INSIDER TIPP AU RENDEZ-VOUS DES PÊCHEURS

Christophe Cosme hat einen Michelin-Stern, bietet aber in der Altstadt von Blois unter der Woche am Mittag und am Abend sein Menü für 24 Euro an, in dem sogar ein Glas Wein oder der Kaffee inbegriffen sind. *So, Mo geschl. | 27, rue de Foix | Tel. 02 54 74 67 48 | www.rendezvousdespecheurs.com |* €–€€€

EINKAUFEN

In der *rue du Commerce* verkauft neben Star-Chocolatier ● *Max Vauché (Nr. 50) Eric Saguez* in seiner Boutique exquisite Schokolade und Kuchen *(Nr. 74)*. Wenige Schritte weiter hat Bernard Barou seine *Maison du Cake (3 bis, rue Henry Drussy)* mit Spezialitäten aus Biozutaten eröffnet und gleich nebenan bietet *La Cave Louis XII (10, rue Emile Laurens)* beste Käsesorten und Weine der Region an. Von März–Sept. gibt es freitags von 17–21 Uhr einen *Biomarkt* im Vienne-Viertel am linken Loire-Ufer *(Quai Amédée Contant)*.

FREIZEIT & SPORT

Über das Fremdenverkehrsamt gibt es Infos und Tickets für eine Bootsfahrt auf der Loire vom Creusille-Hafen aus. Und wenn Sie Glück haben, macht der Kapitän eine Pause auf einer der Inseln im Fluss und zeigt Ihnen die Spuren von Bibern. In St-Dyé ein paar Kilometer flussaufwärts organisiert der Verein ● *Les Marins du Port*

MARCO POLO HIGHLIGHTS

★ **Château de Blois**
Vier Baustile vereinen sich harmonisch in diesem Schloss → S. 43

★ **Max Vauché**
Der Schokofabrikant betreibt fairen Handel mit den Kakaolieferanten in Übersee → S. 46

★ **Chambord**
Monumental in nahezu jeder Hinsicht: Chambord ist das beeindruckendste Schloss an der Loire → S. 46

★ **Chaumont**
Jeden Sommer bringt das Gartenfestival mit extravaganten Ideen neue Impulse ins alte Schloss → S. 48

★ **Cheverny**
Die pure Eleganz der Renaissance als Vorbild für Comic-Zeichner Hergé → S. 48

★ **Hôtel Groslot**
Im schönen Rathaus von Orléans muss das Regieren Freude machen → S. 49

★ **St-Benoît-sur-Loire**
Ein Meisterwerk romanischer Baukunst → S. 53

★ **Château de Sully**
Voltaires Zufluchtsort: Ein Wasserschloss aus dem 18. Jh. mit eigenem Theatersaal → S. 53

★ **Altstadt**
Ein Park im Zentrum und eine riesige Abtei prägen das alte Vendôme → S. 54

★ **Trôo**
Wohnungen tief unter der Erde sind das Geheimnis dieses Dorfs → S. 55

de Chambord (marins-port-chambord.fr) ebenfalls Ausflüge mit den traditionellen Schiffen auf der Loire.

ÜBERNACHTEN

CHÂTEAU DU BREUIL

Das Schloss aus dem 17. und 18. Jh., 17 km im Süden von Blois, wird seit 1989 als charmantes Hotel betrieben. Die luxuriösen, mit historischen Möbeln eingerichteten, aber modernen Komfort bietenden 18 Zimmer sind in den Obergeschossen des Schlosses untergebracht, weitere Zimmer im Pavillon des Obstgartens. Gutes Restaurant und herrlicher Park. *34 Zi. | 23, route de Fougères | Cheverny | Tel. 02 54 44 20 20 | www.chateau-hotel-du-breuil.com | €€€*

HÔTEL DE FRANCE ET DE GUISE

Zimmer für Zimmer modernisieren die Eigentümer das charmante alte Hotel mit wunderschönem Rokoko-Speisesaal und Blick aufs Schloss. *50 Zi. | 3, rue Gallois | Tel. 02 54 78 00 53 | www.franceetguise.com | €–€€*

LA MAISON DE THOMAS

Mitten in der Altstadt von Blois hat Guillaume Thomas ein altes Bürgerhaus restauriert und bietet großzügige Gästezimmer an. Am Abend werden Weine der Region verkostet. *4 Zi. | 12, rue Beauvoir | Tel. 02 54 46 12 10 | www.lamaisondethomas.fr | €€*

INSIDER TIPP L'ONZAINE

Mit viel Geschmack eingerichtete großzügige und komfortable Gästezimmer in einem Herrenhaus im kleinen Dorf Onzain mit schönem Garten. Opulentes Frühstück und mit Reservierung Abendessen *(table d'hôtes | €€). 5 Zi. | 39, rue de Touraine | Tel. 02 54 42 09 29 | www.maison-dhotes-lonzaine.com | €€*

AUSKUNFT

OFFICE DE TOURISME

23, place du château | Tel. 02 54 90 41 41 | www.bloischambord.com

ZIELE IN DER UMGEBUNG

BEAUREGARD (128 C3) (*J6*)

Die Familie der Comtesse du Pavillon bewohnt das Schloss, das François I als Jagdresidenz bauen ließ. Sehenswert die Galerie mit 327 Porträts historischer Personen, die Küche aus dem 16. Jh. sowie die herrliche Parkanlage von Gilles Clément. *Mitte April–Ende Sept. tgl. 10.30–18, im Hochsommer 10–19, Okt.–Mitte Nov., Mitte Feb.–Mitte April Mo–Fr 13–17, Sa/So 10.30–17 Uhr | Eintritt 12,50 Euro | Cellettes, 6 km südöstl. von Blois | www.beauregard-loire.com*

BRACIEUX (129 D3) (*J5*)

Das Dorf (1150 Ew.), 19 km südöstlich von Blois, mit seiner Markthalle aus dem 16. Jh. ist das heimliche Zentrum für Radfahrer im Umfeld der bekanntesten Schlösser an der Loire. Insidertipps und originelle Tourenvorschläge gibt es im Hotel INSIDER TIPP *La Bonnheure* der Familie Cormier *(13 Zi. | 9, rue René Masson | Tel. 02 54 46 41 57 | www.hoteldelabonnheure.com | €–€€)*. Einer der besten Schokoladenhersteller Frankreichs ist ★ *Max Vauché*, der seine Werkstatt mit Produkten aus fairem Handel aus São Tomé im Dorf für Besucher öffnet *(Juli/Aug. Mo–Sa 10–12.30, 14–19, So 14–19, sonst Di–Sa 10–12.30, 14–19, So 15–18.30 Uhr | Führungen Juli/Aug. tgl. auf Englisch um 14.30 Uhr, sonst nur So, 4,50 Euro | 22 Jardins du Moulin | www.maxvauche-chocolatier.fr)*.

CHAMBORD ★ (129 D3) (*J5*)

Diese Architektur sprengt alle Maßstäbe. Sicher ist es zwar nicht, doch es spricht alles dafür, dass Leonardo da Vinci, ab 1516 Gast von König François I in Frankreich, an den Plänen für das Jagdschloss von Chambord 16 km östlich von Blois mitgearbeitet hat. Der Stil der italienischen Renaissance beschert dem 156 m langen und 56 m hohen Koloss Leichtigkeit und Harmonie. Sehenswert die berühmte Doppelwendeltreppe im zentralen *donjon*, dem Wohnturm des Mittelalters, herrlich der Panoramablick von der Dachterrasse auf den noch heute von Mauern umschlossenen Park, der so groß wie die Innenstadt von Paris ist, interessant die Möblierung, die den verschiedenen Epochen entspricht, die Schloss Chambord erlebt hat.

François I verbrachte gerade mal 72 Tage seines Lebens mit seinen Jagdgesellschaften auf dem Prachtschloss. Die königliche Karawane umfasste gut 15 000 Menschen und 12 000 Pferde, darunter das *escadron volant* von Königinmutter Katharina von Medici, die aus der Aristokratie die schönsten Mädchen für ihr charmantes, verführerisches „Damengeschwader" rekrutierte. Sonnenkönig Louis XIV lud Molière für mehrere Komödienpremieren dorthin ein, der Marschall von Sachsen feierte rauschende Feste.

Lehrstunde in Superlativ: Lassen Sie den Nachwuchs die Türme von Chambord zählen

Chambord ist ganzjährig geöffnet *(tgl. 9–17.15, im Hochsommer bis 19.30 Uhr | Eintritt 11 Euro | www.chambord.org)* und bietet eine Fülle von Aktivitäten wie Konzerte, Märkte, Ausstellungen, Ausflüge im Geländewagen, mit dem Boot oder dem Fahrrad. Der Parkplatz vor dem Schloss ist übrigens für Besucher, die nicht das Schloss besichtigen, sondern nur den Park, Boutiquen und Restaurants zum Ziel haben, gebührenpflichtig *(4 Euro)*.

Wie Kinder einst auf Cheverny lebten? Nicht übel, aber ganz ohne „Tim & Struppi", die Armen!

CHAUMONT ★ (128 C4) (H6)
Im frühen Mittelalter zuerst eine Festung, dann 1560 Verbannungsort für Diane de Poitiers, die Mätresse von Henri II., im 19. Jh. schließlich Lustschloss für begüterte Aristokraten: Das Schloss mit seinem großen Park hoch über der Loire, 16 km im Südwesten von Blois, ist heute in öffentlicher Hand, schafft den Spagat zwischen Kulturerbe, Natur, zeitgenössischer Kunst und ist seit 1992 Schauplatz des internationalen *Festival du Jardin* mit Gartenarchitekten aus der ganzen Welt, die Jahr für Jahr ihre Fantasie auf einer der rund 30 Parzellen ausleben. *Domaine de Chaumont: Nov.–März tgl. 10–17, April–Sept. tgl. 10–18.30, Okt. tgl. 10–18 Uhr, Juli/Aug. bis 19 Uhr | Eintritt 9 Euro; Festival du Jardin: Ende April–Mitte Okt. tgl. 10–20 Uhr | Eintritt 10,50 Euro, Kombiticket 16 Euro | www.domaine-chaumont.fr)*.
Ausgezeichnete Gastronomie für alle Geldbörsen bieten die Restaurants auf dem Gelände wie *Le Grand Velum (Tel. 0254209979 | €€)*, das auf Bioprodukte setzt. Wer übernachten möchte: In dem kleinen Dorf *Valaire*, rund 8 km östlich von Chaumont, hat Marie-France Le Gall Gallou in einer alten Priorei, dem Familiensitz seit fünf Generationen, außer einer Boutique, einer Kunstgalerie, einem *salon de thé* auch INSIDER TIPP fünf originell und verschwenderisch dekorierte Gästezimmer eingerichtet *(Les Metamorphozes | Tel. 0254449140 | www.au-domaine-du-prieure.com | €€ | auf Wunsch auch mit Abendessen)*. Gleich gegenüber auf der anderen Straßenseite hat Bruder Jean-Marc Gallou seinen Weinkeller.

CHEVERNY ★ (128 C4) (J6)
Das Musterbeispiel für die Eleganz der Renaissance 8 km südlich von Blois wurde 1634 nach 30 Jahren Bauzeit fertig gestellt und seitdem praktisch nicht mehr verändert. Die Familie de Vibraye, seit 1338 in Cheverny, hat das Schloss nie aufgegeben. Das ist sicher ein Grund dafür, dass der weiterhin bewohnte Herrensitz mit seinen Originalmöbeln, kostbaren

Wandteppichen, einer prächtigen Gemäldesammlung, der riesigen Geweihsammlung und dem Waffensaal *(salle d'armes,* der größte Saal des Schlosses) wie aus einem Guss erscheint. Weil Comiczeichner Hergé Cheverny als Modell für das Schloss Moulinsart (Mühlenhof) in „Tintin et Milou" („Tim und Struppi") genommen hat, ist eine Dauerausstellung rund um Kapitän Haddock, Professor Bienlein (Bienloin) und Tim eingerichtet. Wunderschön der 1 km² große Park mit seinen Wasserwegen. *Tgl. 9.15–18.15, Okt.–März 9.45–17 Uhr | Besichtigung Schloss und Park 9,50 Euro, Kombiticket mit Ausstellung „Les Secrets de Moulinsart" 14 Euro | www.chateau-cheverny.fr*

TROUSSAY (128 C4) *(🕮 J6)*
Eins der kleinsten Schlösser im Loire-Tal, aber ein Konzentrat der Baustile seit dem 16. Jh. mit großem Charme und einem herrlichen Park. Isaure de Sainte Marie hat den Familiensitz 2015 übernommen, das ganze Jahr über ● Gästezimmer *(€€€)*, eine Boutique mit Vintage-Möbeln und Objekten sowie einen Saal für Feste eingerichtet. *April–Sept. tgl. 10.30–17.30, Hochsommer 10–19 Uhr | Eintritt 7 Euro | Cheverny | www.chateaudetroussay.com*
Den ehemaligen Weinberg der Familie hat Laura Semeria übernommen, auf bio umgestellt und dort Gästebetten *(Domaine de Montcy | 32, route des Fougères | Tel. 0254442000 | €€)* im Ökoholzhaus und im Weinfass eingerichtet.

ORLÉANS

KARTE IM HINTEREN UMSCHLAG (129 E2) *(🕮 K4)* **Jeanne d'Arc hat Orléans zur wohl bekanntesten Stadt im Loire-Tal gemacht. Noch heute ist die Erinnerung an die Befreierin von 1429 in der Stadt allgegenwärtig.**

> CITY **WOHIN ZUERST?**
> **Place Martroi:** Von dem Platz mit Straßenbahn- und Bushaltestellen auf halbem Weg zwischen Loire und Bahnhof sind alle Sehenswürdigkeiten von Orléans bequem zu Fuß zu erreichen. Rund um die Reiterstatue der Jeanne d'Arc gibt es Straßencafés, die Tiefgarage darunter hat Platz für knapp 300 Autos.

Aber Orléans (113 000 Ew.) verharrt keineswegs in der Vergangenheit: Das Büro- und Gewerbeviertel in zum Teil sehr anspruchsvoller Industriearchitektur im Osten, das Universitätsviertel *La Source* mit dem 35 ha großen Landschaftsgarten *Parc Floral de la Source,* die hypermoderne Mediathek an der Place Gambetta oder die Place Martroi mit ihren Straßencafés und Restaurants rund um das Reiterstandbild der Jeanne d'Arc zeigen, dass das einstige Handelszentrum heute zu den dynamischen Städten des Landes zählt.

SEHENSWERTES

HÔTEL GROSLOT ★
Im Renaissancehaus aus Backstein, das Jacques Groslot um 1550 gebaut hat, residieren seit der Französischen Revolution die Bürgermeister von Orléans. Vor dem Portal steht eine Statue der Jeanne d'Arc, die die Prinzessin Marie d'Orléans im 19. Jh. geschaffen hat. Sehenswert ist die kostbare Inneneinrichtung mit einer Holztruhe, die Louis XI den Mönchen von St-Aignan geschenkt hatte. Im berühmten und beliebten Hochzeitssaal *(salle de mariage)* starb 1560 François II im Alter von nur 17 Jahren. *Tgl. 9–18 Uhr | Eintritt frei | Place de l'Etape*

KATHEDRALE STE-CROIX

Gut 600 Jahre lang wurde an der Kathedrale gebaut. Die offizielle Einweihung fand am 8. Mai 1829 statt, dem 400. Jahrestag der Befreiung Orléans' durch Jeanne d'Arc. Das Gotteshaus im gotischen Stil zeichnet auch auf den zeitgenössischen Glasfenstern die Geschichte der heiligen Jungfrau nach. Interessant ist auch die Rosette im Querschiff, die mit ihrer Sonne Louis XIV huldigt. Von Mai bis September sind die Türme geöffnet. Wer die 241 Stufen hinter sich bringt, dem eröffnet sich ein herrlicher Blick über die Stadt. *In der Hauptsaison Führungen | Eintritt frei*

MUSÉE DES BEAUX-ARTS

Eines der reichsten Kunstmuseen in Frankreich glänzt v. a. mit Meisterwerken des 18. Jhs. *Di–Sa 10–12.15, 13.30–18, So 10–12.15 Uhr | Eintritt 4 Euro | 1, rue Ferdinand Rabier*

INSIDER TIPP LES TURBULENCES

Resolut zeitgenössische Kunst und Architektur zeigt der *Fonds Régional d'Art Contemporain (FRAC)* in einem spektakulären Gebäude von Jakob und MacFarlane mit einer Lichtinstallation von Electronic Shadow auf einem ehemaligen Militärgelände im Westen der Altstadt. Der Bau trägt seinen Namen *Turbulences* (Turbulenzen) zu Recht. *Mi–So 12–19 Uhr | Eintritt 4 Euro | 88, rue du Colombier | www.frac-centre.fr*

LOW BUDG€T

Wie überall in Frankreich feiert auch auf dem Stadtgebiet von Orléans die gute alte Straßenbahn *(Tramway)* eine Renaissance. Zwei Linien decken das ganze Stadtgebiet ab und machen bei einem Preis von 1,50 Euro pro Fahrt den Verzicht auf das Auto leicht. Auf dem Weg zum Freizeitparadies *Parc de la Source* dürfen sogar Fahrräder mitgenommen werden.

Der Eintritt für Schlösser und Parks im Loire-Tal belastet die Urlaubskasse erheblich. Eine Ausnahme, weil gratis, ist der sehenswerte Schlosspark von *Châteauneuf-sur-Loire (www.chateauneuf-sur-loire.com)*. Das Städtchen, rund 30 km östlich von Orléans, bietet mit dem Schifffahrtsmuseum (*Musée de la marine de Loire | Nov.–März Mi–Mo 14–18, April–Okt. 10–18 Uhr | Eintritt 3,50 Euro | 1, place Aristide Briand | www.coeur-de-france.com/chateauneuf.html)* sogar noch einen zweiten Trumpf, der nicht viel Geld kostet.

ESSEN & TRINKEN

INSIDER TIPP LA DARIOLE

Wunderschön gestaltetes Lokal im Fachwerkhaus des 15. Jhs. mit Sommerterrasse auf einem Plätzchen in der Stadtmitte, ausgesuchter regionaler Küche und sehr freundlichem Service. *25, rue Etienne Dolet | Tel. 02 38 77 26 67 |* €–€€

CHEZ EUGÈNE

Der Bretone Alain Gérard betreibt ein paar Schritte von der Place Martroi entfernt ein kleines Restaurant mit frischen Produkten aus der Region. Unbedingt vorher reservieren. *Sa/So geschl. | 24, rue Sainte-Anne | Tel. 02 38 53 82 64 |* €€

LES TOQUÉS

Am Ende des Kanals, direkt an der Loire, aber gute 4 km vom Zentrum entfernt setzt Frédéric Jenot auf phantasievolle Rezepte der Region und eine Weinkarte, auf der 90 Prozent der Tropfen aus dem Loire-

Tal kommen. *So/Mo geschl. | 71, chemin du Halage | Tel. 02 38 86 50 20 | €€*

EINKAUFEN

Rund um die *Rue de Bourgogne,* zwischen Kathedrale und Loire, gibt es Boutiquen und Feinschmeckerläden in Hülle und Fülle.

FREIZEIT & SPORT

Am Tor zur Sologne, etwa 16 km im Süden von Orléans, ist die *Domaine de Limère* ein wahres Freizeitparadies für die Großstadt. 1992 ist hier das inzwischen komplett renovierte Wellnesszentrum ● *Les Balnéades (275, allée des Quatre Vents | Tel. 02 38 69 73 73 | www.lesbalneades.fr)* im Grünen gebaut worden mit Schwimmbad, Fitnessgeräten und Massageräumen. Gleich nebenan liegt einer der schönsten Golfplätze *(Golf d'Orléans Limère | 1411, allée de la Pomme de Pin | Tel. 02 38 63 89 40 | www.golforleanslimere.com/golf)* mit Hotel.

AM ABEND

In den Bars und Cafés der *Rue de Bourgogne* treffen sich die jüngeren Leute von Orléans. Eine sichere Bank ist *L'Astrolabe (1, rue Aléxandre Avisse | Tel. 02 38 54 20 06 | www.lastrolabe.org)* mit über 80 Konzerten im Jahr.

ÜBERNACHTEN

INSIDER TIPP **DE L'ABEILLE**

Mitten in der Stadt und dennoch ruhig in der Fußgängerzone liegt das sorgfältig renovierte Hotel, seit 1903 in Familienbesitz. Herrlicher Dachgarten mit Solarium, Biofrühstück, Bar und Cafeteria. *26 Zi. | 64, rue Alsace-Lorraine | Tel. 02 38 53 54 87 | www.hoteldelabeille.com | €€–€€€*

Liebevoll gehegt und gepflegt: Fachwerk in Orléans' Altstadt

EMPREINTE HÔTEL

Ein Beispiel dafür, dass Orléans das Loire-Ufer wieder erobert, ist das 2016 eröffnete Boutiquehotel mit Blick auf den Fluss. Der klassizistische Bau besticht mit originell eingerichteten Zimmern und einem Wellnessbereich. *33 Zi. | 80, quai du Châtelet | Tel. 02 38 75 10 52 | www.empreinte-hotel.com | €€€*

LES TROIS MAILLETS

Nur einige wenige Schritte von der Loire entfernt und gleich neben dem Pont Royal bietet Eugénie Van Schramm in ihrem Haus aus dem 16. Jh. mit seiner denkmalgeschützten Fassade zwei großzügige Gästezimmer im dritten und vierten Stock an. *2 Zi. | 4, rue des Trois Maillets | Tel. 06 28 43 29 14 | €€*

AUSKUNFT

OFFICE DE TOURISME
2, place de l'Etape | Tel. 02 38 24 05 05 | www.tourisme-orleans.com

ZIELE IN DER UMGEBUNG

BEAUGENCY (129 D2) *(J5)*
Einst mit seiner Loire-Brücke ein strategisch wichtiger Ort und am 16. Juni 1429 von Jeanne d'Arc befreit. Beaugency (7300 Ew., 25 km südwestlich) ist mit dem Niedergang der Loire-Schifffahrt im 19. Jh. in einen Dornröschenschlaf gefallen, weist aber ein schönes mittelalterliches Stadtbild auf. Von der romanischen Festung ist nur die Ruine des Wehrturms übrig. Sehenswert das Rathaus aus dem 16. Jh. mit Wappenschildern wie dem Salamander von François I und Stickereien aus dem 17. und 18. Jh. *Auskunft: Office de Tourisme | 3, place du Dr. Hyvernaud | Tel. 02 38 44 54 42 | www.beaugency.fr*

LA FERTÉ-ST-AUBIN (129 E3) *(K5)*
Catherine und Jacques Guyot haben sich auf ein im wahrsten Sinn des Wortes großes Abenteuer eingelassen, als sie vor mehr als 15 Jahren das Schloss aus dem 17. Jh. mit dem riesigen Park kauften. Das ehemalige Domizil von Henri II de la Ferté Senectère, einem Marschall von Frankreich, wird sorgfältig restauriert und für das Publikum geöffnet. Clou im Besichtigungsprogramm ist die alte, weiter funktionstüchtige Küche. Im Park haben die Besitzer einen Bahnhof mit Dampflokomotive und Waggons des Orient-Express eingerichtet. *15. Feb.–vor Ostern, Okt–15. Nov. tgl. 14–18, Ostern–Ende*

Es lebe die Symmetrie: Im Château de la Ferté-St-Aubin verliert niemand so schnell den Überblick

Sept. tgl. 10–19 Uhr | Eintritt 9 Euro | mit 2 Gästehäusern (5–6 Zi. | 450 Euro/ Nacht | Mindestaufenthalt 2 Nächte | je für 10–12 Pers.) | 18 km südl. an der RN 20 | www.chateau-ferte-st-aubin.com

INSIDER TIPP MEUNG-SUR-LOIRE
(129 D2) *(🗺 K4)*
Selbst die ältesten Schlösser im Loire-Tal schlagen neue Kapitel in ihrer Geschichte auf. Xavier Lelevé hat 2010 den ehemaligen Sitz der Bischöfe von Orléans 26 km im Westen erworben und öffnet den Park, die Kellergewölbe sowie die Kapelle aus dem 17. Jh. und das Badezimmer der Geistlichen für Besucher. *Château de Meung | April–Okt. Di–So 14–18, Juli/Aug. Di–So 10–19 Uhr | Eintritt 9 Euro | www.chateau-de-meung.com*

ST-BENOÎT-SUR-LOIRE ★
(130 C2) *(🗺 L4)*
Blendend schöne romanische Basilika aus dem 11./13. Jh. in der *Benediktinerabtei Fleury*, die bereits im 7. Jh. gegründet wurde. Der Portalvorbau des Glockenturms und der Chor von St-Benoît-sur-Loire sind Musterbeispiele romanischer Architektur. Das Kloster der Benediktiner in dem kleinen Dorf knapp 40 km südöstlich von Orléans war zur Zeit Karls des Großen geistlicher Mittelpunkt des Landes. Ein paar Kilometer weiter, am rechten Loire-Ufer, steht mit dem karolingischen Oratorium von *Germigny-des-Prés* aus dem frühen 9. Jh. ein weiteres Schmuckstück der Architektur.
Für Théodulphe, den Abt von Fleury, errichtete der armenische Architekt Odo, dem die Aachener Pfalzkapelle zugeschrieben wird, den Gebetsort mit einem erst 1840 wieder entdeckten Mosaik aus 130 000 blauen, purpurnen, weißen, grünen, schwarzen und vergoldeten Steinchen. *Mo–Sa 12, So 11 Uhr (im Winter 11.30 Uhr) Gottesdienste mit gregorianischem Gesang in der Abteikirche von St-Benoit | das Oratorium von Germigny ist tgl. bei freiem Eintritt zu besichtigen | www.abbaye-fleury.com*

INSIDER TIPP ST-MARTIN-D'ABBAT
(130 C2) *(🗺 L4)*
Ideen muss man haben. Der Bürgermeister von St-Martin-d'Abbat, einem kleinen Dorf zwischen St-Benoît und Châteauneuf-sur-Loire, setzt seit 1997 mit seinen Einwohnern auf originelle Briefkästen und macht den Spaziergang durch den Ort zu einer Entdeckungsreise. Wer die skurrilsten Exemplare nicht verpassen möchte, holt sich eine Broschüre für einen Euro und kann sich sogar ein Fahrrad im Dorf mieten *(www.letterboxvillage.com). 24 km östlich*

SULLY-SUR-LOIRE (130 C2) *(🗺 L5)*
Im kleinen Städtchen (6000 Ew.), 50 km südöstlich von Orléans, fängt das von der Unesco in die Welterbeliste aufgenommene Gebiet des Loire-Tals an. Das aufwendig renovierte Wasserschloss ★ *Château de Sully* mit seinen vier runden Eckturmen wurde im 18. Jh. Zufluchtsort für Voltaire, dessen Komödien im extra eingerichteten Theatersaal aufgeführt wurden. Ein Schmuckstück der Handwerkerkunst ist das oberste Geschoss im *donjon*, dem Wohnturm: Aus Eichenholz haben die Zimmerleute des Mittelalters ein beeindruckendes Dachgebälk (14. Jh.) geschaffen *(April–Sept. tgl. 10–18, Okt.–März 10–12 und 14–17 Uhr | Eintritt 7 Euro)*. Mitten im Städtchen bietet das *Hôtel La Closeraie (9 Zi. | 14, rue Porte Berry | Tel. 02 38 05 10 90 | www.hotel-la-closeraie.com | €€)* mit einem ruhigen Innenhof hübsch eingerichtete und günstige Zimmer. Auskunft: *place du Général de Gaulle | Tel. 02 38 36 23 70 | www.sully-loire-sologne.fr*

VENDÔME

(128 B2) *(H5)* **Zwischen den Armen des Loir-Flusses ruht das Provinzstädtchen (18 500 Ew.), das sich am besten bei einem Spaziergang entdecken lässt.** In der Heimatstadt des Dichters Pierre de Ronsard (1524–1585) hat Honoré de Balzac sechs Jahre lang die Schulbank gedrückt.

SEHENSWERTES

ALTSTADT ★

Grünes Zentrum bildet der *Parc Ronsard* zwischen der alten Schule, in der Balzac das ABC lernte (heute Rathaus), dem *Hôtel Saillant* aus dem 15. Jh., heute Verkehrsamt, und der ehemaligen Pilgerkapelle *St. Jacques*: Sehenswert ist eine riesige Platane, die 1759 gepflanzt wurde, und die Bronzeplastik des gestürzten Reiters von Louis Leygue (1931). Nur ein paar Schritte weiter wird es geschäftig in der Fußgängerzone an der Rue de Change, die gen Norden zum malerischen *Islette-Turm* führt, im Süden zur *Place St-Martin,* die vom Glockenturm, der von der ehemaligen Martinskirche übrig geblieben ist, beherrscht wird. Wichtigstes Denkmal ist die für eine so kleine Stadt überdimensionierte ehemalige Benediktinerabtei, die *Abbaye de la Trinité* mit dem 80 m hohen Glockenturm, einem herrlichen Marienfenster aus dem 12. Jh., dem Kapitelsaal aus dem 14. Jh. und einem Museum mit Dauer- und Wechselausstellungen *(Mi–Mo 10–12, 14–18 Uhr | Eintritt frei).* Vom alten Schloss sind nur Ruinen übrig. Dafür schöner Blick auf Stadt und Flusstal.

ESSEN & TRINKEN

AUBERGE DE LA MADELEINE

Familienbetrieb am Loir-Ufer mit schöner Sommerterrasse. *Place de la Madeleine | Tel. 02 54 77 20 79 | Di geschl. |* €

INSIDER TIPP RESTAURANT PERTICA

Chef Guillaume Foucault ist nach Stationen in Paris in die Heimat zurückgekehrt. Hier verwendet er die Produkte aus der Region, kombiniert sie mit exotischen Zutaten und macht jedes Menü zum Erlebnis für den Gaumen. Eine feste Speisekarte gibt es nicht, lassen Sie sich überraschen. Foucaults Frau Quy Phi ist Sommelière und sorgt für kompetenten Service. *So, Mo, Di-Mittag geschl. | 15, place de la République | Tel. 02 54 23 72 02 |* €€–€€€

ÜBERNACHTEN

LE VENDÔME

Nur ein paar Schritte außerhalb der Altstadt ein traditionelles, Ende 2015 komplett renoviertes Hotel mit Flügel im Salon und netten Zimmern. *35 Zi. | 15, faubourg Chartrain | Tel. 02 54 77 02 88, www.hotelvendomefrance.com |* €€

AUSKUNFT

OFFICE DE TOURISME

Hôtel du Saillant | parc Ronsard | Tel. 02 54 77 05 07 | www.vendome-tourisme.fr

ZIELE IN DER UMGEBUNG

LAVARDIN (128 B3) *(G5)*

Die mächtige *Schlossruine* aus dem 11. Jh. *(Juli/Aug. Di–So, Mai und Sept. Sa/So 11–12, 15–18 Uhr | Eintritt 4 Euro),* die *Loir-Brücke* aus dem Mittelalter, die Kirche *St-Genest* mit ihren romanischen Fresken: Lavardin (270 Ew.) ist ein unerschöpfliches Motiv für Fotografen und Maler. *21 km westl.*

MONTOIRE-SUR-LE-LOIR (128 B2) *(G5)*

Auf dem Bahnhof des malerisch am Loir gelegenen Städtchens (4600 Ew.),

19 km westlich, haben Adolf Hitler und Marschall Pétain im Oktober 1940 die *collaboration*, die Zusammenarbeit zwischen Deutschland und Frankreich, beschlossen. Sehenswert sind die Kapelle *St-Gilles* mit schön restaurierten Wandmalereien aus dem 12. und 13. Jh. *(Eintritt 6 Euro)* und das durch Licht- und Tontechnik interessante Instrumentenmuseum INSIDER TIPP *Musikenfête (März–Sept. Di–So 10–12, 14–18 Uhr | Eintritt 6 Euro | rue de l'Ancien Couvent St-Augustin | www.musikenfete.fr)*, in dem Sie selbst mit exotischen Instrumenten musizieren können. Auskunft: *Office de Tourisme | 16, place Clémenceau | Tel. 02 54 85 23 30 | www.otsi-montoire.fr*

SASNIÈRES (128 B3) *(🕮 H5)*
Rosamée Henrion hat 1960 das verlassene Herrenhaus in Sasnières (16 km im Südwesten) geerbt und sorgfältig restauriert. Ihr Meisterstück ist der große Park, der *Jardin du Plessis Sasnières,* rund um einen Teich mit Hunderten seltener Bäume, Sträucher und Blumen, mit Gemüse- und Rosengarten. Sohn Guillaume hat einen *Teesalon mit Cafeteria* eröffnet, organisiert Kinovorführungen und ein Suppenfestival. *April–Nov. Do–Mo 10–18 Uhr | Eintritt 8 Euro | 3, rue du Château | www.jardin-plessis-sasnieres.fr*

TRÔO ★ (128 A2) *(🕮 G5)*
Der Glockenturm ist schon von Weitem zu sehen, das Geheimnis dieses Dorfes (300 Ew.) aber steckt buchstäblich unter der Erde. Unter einem Hügel mit Aussichtsterrasse haben die Menschen einst ihre Wohnungen tief in die Erde gegraben. Sehenswert der *puits qui parle*, der „sprechende Brunnen", mit 45 m Tiefe und einem enormen Echo, die *Grotte* mit Stalaktiten und die *cafforts*, ein Refugium in einem alten Steinbruch.

Trôo ist Endstation einer INSIDER TIPP Bummelbahn aus den 1950er-Jahren, die in geführten Touren Passagiere in etwa drei Stunden gemächlich über Montoire

Trôo: So schön haust es sich in Höhlen

nach Thoré-la-Rochette und zurück führt *(Juni–Mitte Sept. Sa/So 14.25, Juli/Aug. Zusatzzüge So 9.30 und 17.30 Uhr | 12 Euro | Bahnhof Thoré-la-Rochette, Maison du Vin | Tel. Reservierung 02 54 72 80 82 | thoremairie@wanadoo.fr)*.
Unten am Fluss hat Martial Chevallier La Fontaines Fabeln als Inspiration genommen, um die INSIDER TIPP Gästezimmer im Herrenhaus neben der alten Mühle *(5 Zi., 2 Apts. | 2, rue de la Plaine | Tel. 02 54 72 57 84 | www.moulindelaplaine.com | €€)* in einem großen Garten mit viel Geschmack zu dekorieren. *25 km westl.*

TOURAINE

Die ältesten Schlösser, die wundervollsten Gärten und die größte Stadt: Die Touraine ist der unbestrittene Mittelpunkt des Loire-Tals. Aber nicht nur das zwischen Loire und Cher gebaute Tours lohnt einen Besuch. Flussaufwärts war die Königsstadt Amboise die letzte Heimat für Leonardo da Vinci, flussabwärts ist Villandry noch heute das Meisterwerk der Gartenkunst.

Noch romantischer als das Loire-Tal sind die Ufer des Cher mit dem Brückenschloss von Chenonceau, das Indre-Tal mit dem Domizil von Agnès Sorel in Loches, der Naturpark Brenne im Süden oder der nördliche Teil der Vienne, die durch Chinons Weinberge fließt und sich bei Candes-St-Martin mit der Loire vereint.

AMBOISE

(128 B4) (*H6*) **Amboise ist ein lebhaftes Städtchen mit vielen Restaurants, Geschäften und im Sommer sogar Straßenmusikern.**

Hier hat der junge François I seine rauschenden Feste gefeiert, in diese Stadt, die heute 12 000 Ew. zählt, lockte er im Jahr 1516 Leonardo da Vinci, dessen Werke auf dem Herrensitz Le Clos-Lucé zu sehen sind.

SEHENSWERTES

CHÂTEAU DU CLOS-LUCÉ MIT PARK LEONARDO DA VINCI ★ ●

Auf dem Herrensitz, von Louis IX im Mittelalter gebaut, quartierte 1516 Fran-

 Bild: im Garten von Schloss Langeais

Im Zentrum des Loire-Tals: Wo Römer siedelten und Frauen Schlösser bauten, muss es einfach schön sein

çois I Leonardo da Vinci ein. Das Universalgenie aus Italien brachte sein wohl berühmtestes Gemälde, die „Mona Lisa", mit nach Frankreich. Auf Le Clos-Lucé konstruierte da Vinci bis zu seinem Tod im Jahr 1519 zahlreiche Maschinen. Im Erdgeschoss sind Dutzende von Modellen, z. B. Pumpen, Panzerwagen, Flugmaschinen, Automobile und eine Drehbrücke ausgestellt.

Im Park des Schlosses wurde ein interaktiver Parcours durch Kunstwerke und Modelle des Künstlers angelegt. Cafeteria und Boutique ergänzen die Anlage. *Jan. tgl. 10–17, Feb./März tgl. 10–18, April–Juni, Sept./Okt. tgl. 9–19, Juli/Aug. 9–20, Nov./Dez. 10–18 Uhr | Nov.–Feb. Eintritt 15, März–Okt. 13 Euro | 2, rue du Clos-Lucé | www.vinci-closluce.com*

INSIDER TIPP CHÂTEAU GAILLARD

Es sind nur ein paar hundert Meter zum Clos Lucé von Leonardo da Vinci oder zum Königsschloss am Loire-Ufer, aber erst im 21. Jh. ist das Château Gaillard von einem Kenner der Renaissance wiederentdeckt, von Unkraut befreit und restauriert worden. Hier hat der italienische Gartenarchitekt Dom Pacello de Marcogliano für die Könige Charles XIII., Louis XII. und François I. die ersten Orangengärten (Orangerie) in Frankreich angelegt. Die Glasfenster im *palazotto* mit seinen Skulpturen und Friesen, in dem François II. und Mary Stuart ihre Hochzeitsnacht verbracht haben sollen, stammen aus dem 16. Jh. *Di–So 13–19 Uhr | Eintritt 10 Euro | 29, allée du Pont Moulin | www.chateau-gaillard-amboise.fr*

Auf einer Flussterrasse mit Schlossblick wie in Amboise wird aus dem Päuschen gern eine Pause

CHÂTEAU ROYAL D'AMBOISE

Von den Gebäuden an der mächtigen Festungsmauer ist nur noch die *Chapelle St-Hubert* aus dem 15. Jh., das einstige Gebetshaus der Königin Anne de Bretagne mit dem Grabmal Leonardo da Vincis, übrig geblieben. Die lange Rampe führt auf eine Terrasse mit herrlichem Blick über die Loire. Sehenswert sind abgesehen von den königlichen Wohngemächern die neu eröffneten Festungsanlagen im Zentrum der *Tour des Minimes* aus dem Mittelalter, die unterirdischen Gänge und Räume sowie der frisch angelegte Park in der Schlossanlage. *April–Juni tgl. 9–18.30, Juli/Aug. bis 19, Sept.–Mitte Nov. 9–17.30, Mitte Nov.–März 9–12 und 14–16.45 Uhr | Eintritt 11,20 Euro | www.chateau-amboise.com*

PAGODE DE CHANTELOUP

Die 44 m hohe Pagode am Zierbecken blieb als einziges Gebäude vom einst prächtigen Schloss Chanteloup – im 19. Jh. zerstört – übrig. Den Turm im damals beliebten asiatischen Stil ließ der Herzog von Choiseul, Minister von Louis XV, 1775–1778 bauen. Die Pagode wird seit 1910 von der Familie André betreut und behutsam renoviert. Wunderbarer Ausblick von der Turmspitze, schöne und vor allem benutzbare Sammlung von alten und modernen Holzspielen, die der Eigentümer teilweise selbst entworfen hat, Bootsfahrten auf dem

Zierteich und Picknickangebot. *Mai, Juni, Sept. tgl. 10–18.30, Juli/Aug. tgl. 9.30–19.30, Okt./Nov. Sa/So 10–17, April Mo–Fr 10–12, 14–18, Sa/So 10–18 Uhr | Eintritt 9,70, Bootsfahrt 5 Euro für 1 Std., Picknickkorb ab 12,50 Euro | Route de Bléré | 3 km südl. von Amboise | www.pagode-chanteloup.com*

ESSEN & TRINKEN

CHÂTEAU DE PRAY

Frédéric Brisset hat in der Burg aus der Zeit der Kreuzzüge ein feines Restaurant etabliert. Das Mittagsmenü *(30 Euro)* ist günstig, abends wird es teuer. *Im Winter Mo, Di geschl. | Route de Chargé | 3 km östlich | auch 19 Zi. | Tel. 02 47 57 23 67 | www.chateaudepray.fr* | €€€

INSIDER TIPP CHOCOLATERIE BIGOT

Es muss nicht immer Süßes sein: Der Schokoladenspezialist von Amboise bietet im Sommer kleine Gerichte auf der Terrasse mit Blick aufs Schloss. Zum Dessert passt dann vielleicht doch noch ein kleines Praliné wie die *orangette* hinein. *Rue de la Concorde | Tel. 02 47 57 04 46 | www.maisonbigot-amboise.com* | €

L'EPICERIE

Direkt am Fuß des Schlosses in einem Fachwerkhaus, das früher einen Lebensmittelladen beherbergte, residiert dieses Restaurant. Es werden regionale Spezialitäten wie Zanderterrine oder *rillette* vom Aal serviert. *Hochsaison tgl., sonst Mo, Di geschl. | 46, place Michel-Debré | Tel. 02 47 57 08 94 | www.lepicerie-amboise.com* | €€

FREIZEIT & SPORT

Der Verein *Millière-Raboton* hält in Amboise mindestens eins von fünf traditionellen Holzschiffen vor, mit dem verschiedene Ausflüge für bis zu 12 Personen auf der Loire unternommen werden. 90 Minuten auf dem Fluss kosten rund 20 Euro *(www.milliere-raboton.net)*.

MARCO POLO HIGHLIGHTS

★ Le Clos-Lucé
Leonardo da Vinci verbrachte hier seine letzten Jahre. „Mona Lisa" begleitete ihn nach Frankreich → S. 56

★ Chenonceau
Feminine Architektur prägt das Schloss über dem Cher → S. 60

★ Altstadt
Das mittelalterliche Ensemble der Altstadt von Chinon passt zur Festung, in der mit viel Hightech die Vergangenheit erklärt wird → S. 61

★ Cité Royale
In der ummauerten Oberstadt von Loches atmen Sie Geschichte → S. 64

★ Place Plumereau
Junger Treffpunkt im alten Herzen der Universitätsstadt Tours → S. 68

★ Azay-le-Rideau
Ein „geschliffener Diamant": das Schloss in Azay-le-Rideau am Ufer des Indre-Flusses → S. 71

★ Château de la Bourdaisière
Die Familie de Broglie hat sich auf die Zucht von 650 Tomatensorten spezialisiert und bietet luxuriöse Gästezimmer im Schloss → S. 72

★ Villandry
Der Renaissancegarten ist ein Fest für die Sinne → S. 73

ÜBERNACHTEN

AUBERGE DE LAUNAY

Frisch renovierte Zimmer in einem alten Bauernhof aus dem 18. Jh. mit Blick auf den Gemüsegarten knapp 7 km östlich am rechten Loire-Ufer. *15 Zi. | mit vorzüglichem Restaurant | 9, rue de la Rivière | Tel. 02 47 30 16 82 | www.aubergedelaunay.com |* €–€€

MANOIR DU PARC

Das ehemalige Hotel ist zum Gästehaus mit Wellnessbereich umgebaut. Außer den klassischen Gästezimmern im ersten Stock gibt es Appartements oder große Ferienwohnungen, die wochenweise oder mindestens für zwei Tage vermietet werden. Clou des Hauses sind vier Baumhütten im Park mit Sprudelbad, Terrasse und Blick auf das Schloss. *14 Zi. | 8, av. Léonard de Vinci | Tel. 02 47 30 13 96 | www.manoirparc.com |* €€–€€€

AUSKUNFT

OFFICE DE TOURISME

Quai du Général de Gaulle | Tel. 02 47 57 09 28 | www.amboise-valdeloire.com

Unübertroffene Eleganz – was daran liegen mag, dass in Chenonceau Frauen das Sagen hatten

ZIEL IN DER UMGEBUNG

CHENONCEAU ★ (128 B4) (*H6*)

Chenonceau gilt als das Schloss der Damen, als Liebesnest und als elegante Bühne für Intrigen. Catherine Briçonnet, die Frau des königlichen Schatzmeisters Thomas Bohier, überwacht Anfang des 16. Jhs. die Bauarbeiten. Henri II schenkt das Schloss 1547 seiner Geliebten Diane de Poitiers. Nach seinem Tod verbannt seine Witwe Katharina von Medici die Rivalin aber auf das Schloss Chaumont, baut die zweigeschossige Galerie über

dem Cher und betreibt ihre Intrigenpolitik auf dem Lustschloss.
Jahr für Jahr lockt Schloss Chenonceau knapp 1 Mio. Besucher an. Sehenswert sind v. a. im Erdgeschoss prachtvolle Gemälde, darunter Arbeiten von Rubens im Zimmer von François I, im Obergeschoss das Ehrenzimmer der Königinnen und das Gemach von César de Vendôme mit wertvollen Gobelins. Schön sind auch die beiden Gärten, die Katharina von Medici und ihrer Rivalin Diane de Poitiers gewidmet sind. *Mitte März–Mitte Sept. tgl. 9–19, sonst tgl. 9–16.30 Uhr | Eintritt 13 Euro | www.chenonceau.com | 15 km südl. von Amboise*
Wer das Schloss ● INSIDER TIPP vom linken Cher-Ufer aus nur von außen betrachten und sich den Eintritt sparen will, nimmt folgenden Weg: an der Pforte durch das Dorf Chenonceaux durchfahren, am Ortsausgang sofort rechts abbiegen, die Cher-Brücke überqueren und an einem Forsthaus rechts auf den Uferweg *(chemin de halage)* einbiegen. Nach 5 Min. Fußweg haben Sie das elegante Schloss vor Augen.

MONTRICHARD (128 C4) *(🕮 H6)*
Das Städtchen (3600 Ew.) am Cher besticht durch seinen mächtigen Wehrturm *(Donjon) (April–Sept. Di–So 10–12 und 14–18, Juli/Aug. Di–So 10–18 Uhr | Eintritt 5 Euro)* aus dem 11. Jh., der ein kleines Geschichtsmuseum beherbergt und von seiner Plattform einen atemberaubenden Blick auf das Flusstal bietet. In Montrichard (das „t" im Namen wird übrigens ausgesprochen) sind die *Kirche Ste-Croix* und Fachwerkhäuser wie die *Maison de l'Ave Maria* aus dem 16. Jh. sehenswert. Ein Ausflug lohnt sich auf die andere Seite des Flusses 15 km Richtung Süden zum *Schloss von Montpoupon (April–Sept. tgl. 10–18 Uhr | Eintritt 9 Euro | www.chateauloire montpoupon.com)*, das im 15. Jh. im gotischen Flamboyant-Stil gebaut wurde und seit 1857 von derselben Familien bewohnt wird. Das Privatschloss beherbergt ein *Jagdmuseum* und ein *Feinschmeckerrestaurant*.

CHINON

(127 E5) *(🕮 F7)* **Der Geist François Rabelais', des Dichters lukullischer Genüsse, weht immer noch durch die direkt am Vienne-Ufer gelegene schöne alte Stadt – ein Gebiet, das bereits von den Römern besiedelt war.**
300 Jahre lang war das Schloss nur eine Ruine, 2010 sind die im mittelalterlichen Stil neu aufgebauten Teile wieder eröffnet worden. Das schon länger restaurierte, autofreie Zentrum von Chinon (8600 Ew.) hat nie seinen mittelalterlichen Charakter verloren und lädt mit seinen Häusern, die zum Teil aus dem 12. Jh. stammen, zum Entdeckungsspaziergang ein.

SEHENSWERTES

ALTSTADT ★
Der schönste Platz von Chinon ist der *Grand Carroi,* im Mittelalter das Zentrum der Stadt an der Kreuzung der Rue Haute-St-Maurice (heute Rue Voltaire) mit der Rue du Grand Carroi. Die *Maison Rouge* (14. Jh.) mit ihrem Fachwerk und ihren roten Ziegelsteinen, die Säulenstatuen im ehemaligen Haus der Intendantin, das *Hôtel des Etats Généraux* aus Stein (heute das Stadtmuseum) und das *Hôtel du Gouvernement* mit seinem Arkadenhof liegen rund um den Platz. Nur ein paar Schritte weiter sind es bis zu den *Caves Painctes (Juli–Mitte Sept. Di–So 10, 15, 16.30, 18 Uhr | Eintritt 3 Euro inkl. Weinprobe),* den Kellern von Rabelais, in denen heute noch vier Mal im Jahr neue Mitglieder in den Clan der „Bons Enton-

neurs Rabelaisiens", die Bruderschaft der guten Kellermeister, aufgenommen werden.

CHAPELLE STE-RADEGONDE

Kleine, in den Felsen gegrabene Kapelle, in der erst 1964 Wandmalereien aus dem 12. und 13. Jh. entdeckt wurden. *Juli/Aug. tgl. 9–19 Uhr | Eintritt 3 Euro*

FORTERESSE ROYALE

Hightech trifft Mittelalter: Die Ruine des von Kardinal Richelieu im 17. Jh. zerstörten Schlosses, in dem einst Jeanne d'Arc den Kronprinzen Charles VII in der Menge entdeckte und ihn auf seine Königsrolle einschwor, ist heute nicht mehr wiederzuerkennen. Außerhalb der alten Festungsanlage mit dem imposanten Wehrturm von Coudray als Wahrzeichen ist ein hypermodernes Empfangsgebäude mit Parkplätzen entstanden, im Palais Royal erinnern Multimedia-Installationen an die Geschichte der Burg, die einen wunderschönen Blick auf Weinberge, Altstadt und das Vienne-Tal bietet. *Tgl. 9.30–17, April–Ende Sept. tgl. 9–19 Uhr | Eintritt 8,50 Euro | Av. François Mitterrand | www.forteressechinon.fr*

ESSEN & TRINKEN

LES ANNÉES 30

In dem nett eingerichteten Restaurant bekommen Sie sehr gute regionale Küche serviert. *Di, Mi geschl. | 78, rue Voltaire | Tel. 02 47 93 37 18 | www.lesannees30.com* | €€

AU CHAPEAU ROUGE

Das Restaurant arbeitet mit Lieferanten der Region, bringt das Haselhuhn *(géline)*, frische Fische aus der Loire, Spargel aus Richelieu, die getrockneten Birnen aus Rivarennes und die großen Weine der Region auf den Tisch. *So-Abend, Mo, Di-Mittag geschl. | 49, place du Général de Gaulle | Tel. 02 47 98 08 08 | www.auchapeaurouge.fr* | €€

EINKAUFEN

Der rote Chinon gehört mit zum Besten, was Winzer aus der Cabernet-franc-Traube keltern können. Einen guten Überblick verschaffen das *Syndicat des Vins de Chinon (impasse des Caves-Paintes | www.chinon.com)* und die *Maison des Vins et du Tourisme (Beaumont de Véron, 6 km nördl. | 14, rue du 8 mai 1945 | www.lamaisondesvinsduveron.com)*.

Gute Adressen um den köstlichen Chinon zu kaufen sind *Couly-Dutheil (12, rue Diderot | Chinon | Tel. 02 47 97 20 20 | www.coulydutheil-chinon.com)*, die Winzerfamilie Manzagol-Billard **INSIDER TIPP** *(Domaine de la Noblaie, Le Vau Breton | Ligré, 4 km südwestl. | Tel. 02 47 93 10 96 | www.lanoblaie.fr)* sowie der Winzer François Plouzeau *(Domaine de la Garrelière | Razines, 25 km südwestl. | Tel. 02 47 93 16 34 | www.garreliere.com)*, der nach biodynamischen Regeln im Süden des Anbaugebiets arbeitet. Denselben Nachnamen trägt Marc Plouzeau, der das aus dem 16. Jh. stammende Weingut *Château de la Bonnelière (5 km von Chinon | www.plouzeau.com | mit einem 150 m² großen Gästehaus, das in der Hochsaison 120 Euro kostet)* auf bio umgestellt hat.

ÜBERNACHTEN

HÔTEL DIDEROT

Sehr freundlicher Service in einem Haus des 18. Jhs., das von Efeu und wildem Wein überwachsen ist. Tolles Frühstück. *23 Zi. | 4, rue Bouffon | Tel. 02 47 93 18 87 | www.hoteldiderot.com* | €–€€

AUSKUNFT

OFFICE DE TOURISME
Place Hofheim | Tel. 02 47 93 17 85 | www.chinon-valdeloire.com

ZIELE IN DER UMGEBUNG

BOURGUEIL (127 E5) *(F6)*
Dieser kleine Weinort (4100 Ew.) und seine Nachbargemeinde St-Nicolas-de-Bourgueil blicken auf eine lange Tradition zurück und wurden schon von Rabelais wegen ihrer roten Tropfen geschätzt. In der Benediktinerabtei St-Pierre wurden bereits im 13. und 14. Jh. ausgedehnte Keller eingerichtet. Heute ist hier ein *Volkskundliches Museum (April–Ende Okt. Sa, So 14–18, Juli/Aug. Mi–Mo 10–18 Uhr | Eintritt 5,80 Euro)* untergebracht. Die Weinkeller von Bourgeuil bieten neben einem *Museum* übrigens auch *Verkostungen* an *(April–Ende Nov. tgl. 9.30–12.30, 14.30–18.30 Uhr | Eintritt 4,80 Euro | Tel. 09 61 64 52 43 | www.cavesbourgeuil.com)*. Infos: *Office de Tourisme | 16, place de l'Eglise | Tel. 02 47 97 91 39 | www.tourainenature.com*

Rabelais lobte Bourgueils Roten. Und die Winzer von heute arbeiten weiter an seinem guten Ruf

Eine Entdeckung ist das Restaurant *Vincent, Cuisinier de Campagne (19, rue de la Galottière | Ingrandes-de-Touraine, 8 km im Osten | Tel. 02 47 96 17 21 | Reservierung empfohlen | €–€€)*. Nur 15 Plätze in einem schönen Haus, die Zutaten wie Hühner, Hasen, Obst und Gemüse für das Essen stammen größtenteils aus der eigenen Bioproduktion. Dazu gibt es ausgesuchte Weine der Region.

HUISMES (127 E5) *(F7)*
In dem kleinen Dorf rund 8 km im Norden von Chinon lebten und arbeiteten zwischen 1955 und 1969 der deutsche Maler Max Ernst und seine amerikanische Lebensgefährtin Dorothea Tanning. Der Kunstexperte Dominique Marchès hat

das Haus mit seinem Garten erworben, renoviert und die ● INSIDER TIPP *Maison Max Ernst (Sa/So 14–18 Uhr | Eintritt frei | 12, rue de la Chancellerie | www.maison-max-ernst.org)*, ein sehenswertes Dokumentationszentrum über Leben und Werk des Künstlers aufgebaut.

LÉMERÉ (127 E6) (*F7*)

Das mittelalterliche *Schloss von Rivau* mit einem der schönsten Rosengärten Frankreichs öffnet seine Tore in Lémeré 14 km südlich von Chinon. Im Park sind zeitgenössische Skulpturen installiert, das Restaurant *(€)* serviert mittags Getränke auf der Basis von Blüten und Duftpflanzen sowie Suppen und Salate aus eigener Produktion. *April–Sept. tgl. 10–19, Okt. 10–12.30, 14–18 Uhr | Eintritt 10,50 Euro | www.chateaudurivau.com*

RIGNY-USSÉ (127 E5) (*F7*)

Das *Château d'Ussé* 14 km im Nordosten zwischen Indre und Loire inspirierte den Dichter Charles Perrault (1628–1703) beim Schreiben seiner Dornröschengeschichte. Die weiße Fassade mit den Schieferdächern sieht noch heute märchenhaft aus. Die Inneneinrichtung ist sehenswert; es gibt Szenendarstellungen mit lebensgroßen Puppen, die zum Teil allerdings recht kitschig sind. *April–Sept. tgl. 10–19, Mitte Febr.–März sowie Okt.–11. Nov. 10–18 Uhr | Eintritt 14 Euro | www.chateaudusse.fr*

LOCHES

(128 B5) (*H7*) **Hoch über dem Fluss Indre thront die Festung, die den strategisch wichtigen Ort an der Kreuzung zweier römischer Straßen überwachte.**

Loches (8500 Ew) verkörpert mit seiner sehr gut erhaltenen und gepflegten Stadt in der Stadt ein Stück Mittelalter abseits der großen Touristenströme im Loire-Tal und ist der ideale Ort für Ausflüge in den Süden der Touraine mit dem regionalen Naturpark La Brenne.

SEHENSWERTES

ALTSTADT

Unterhalb von Schloss und Wehrturm ist die Altstadt bis ins 19. Jh. hinein ebenfalls von einer mächtigen Festungsmauer geschützt worden. Sehenswert sind das mächtige Eingangsportal im Nordwesten, die *Porte Picois* mit dem 1535 angebauten Renaissancebau des *Rathauses (Hôtel de Ville)*. In der *Rue du Château* bestechen die *Kanzlei (Chancellerie)* und das *Zentauren-Haus* gleich nebenan mit einem Fries, der zeigt, wie Herkules mit einem vergifteten Pfeil den Zentauren durchbohrt, der seine Frau entführen wollte. Über die *Rue de la République* geht es in die *Unterstadt* mit der Kirche *St-Antoine*. Die *Galerie (tgl. 10–18.45 Uhr | Eintritt frei)* nebenan präsentiert ● zwei Gemälde, die aller Wahrscheinlichkeit nach Caravaggio schuf.

CITÉ ROYALE ★

Die Zeit rund um den Königspalast scheint im 15. Jh. und der Renaissance stehengeblieben zu sein. Kein einziges modernes Gebäude stört die Harmonie der mittelalterlichen Stadt mit dem grandiosen Wehrturm *(donjon)*, den Foulques Nerra im 11. Jh. bauen ließ. Eine Treppe mit 160 Stufen führt auf die 37 m hohe Plattform mit einem herrlichen Blick auf Loches und das Indre-Tal.

Im Schloss ist Frankreichs Geschichte geschrieben worden, weil hier 1429 die Jungfrau von Orléans Charles VII. überzeugt haben soll, nach Reims zu gehen. Geprägt hat den Palast aber

Agnès Sorel, die erste offizielle Mätresse der französischen Geschichte, die hier im Alter von gerade mal 28 Jahren gestorben ist, offiziell an einer Magenverstimmung. Der Leichnam von Agnès Sorel hat seit 2005 seine Ruhestätte in der Stiftskirche *St-Ours* mit ihrem romanischen Portal gefunden. *Tgl. 9.30–17, im Sommer 9–19 Uhr | Kombiticket für Logis Royal, Donjon und Eglise St-Ours 8,50 Euro*

ESSEN & TRINKEN

LA GALÉRIE B

David Béguin betreibt ein schickes Bistrot in der Altstadt. Kreative Küche mit frischen Produkten der Region und günstigem Mittagstisch. *Di, Mi geschl. | 26, Grande Rue | Tel. 02 36 05 45 32 | www.restaurant-lagalerieb.fr |* €€

INSIDER TIPP LA GERBE D'OR

Schöne Terrasse im Sommer, Kamin im Winter – das Restaurant in der Altstadt setzt auf eine angenehme Atmosphäre und regionale Produkte. Jeden Tag werden die Menüs auf eine Schiefertafel geschrieben. Günstiger Mittagstisch. *Mo, Di-Abend geschl. | 22, rue Balzac | Tel. 02 47 91 67 63 | www.restaurantlagerbedor.fr |* €€

FREIZEIT & SPORT

In einem ehemaligen Schlachtereigebäude aus dem 18. Jh. direkt am Indre-Fluss ist das kleine, aber feine Wellnesszentrum ● Les Bains Douches *(So geschl. | Eintritt 20 Euro | rue du Sanitas | Tel. 02 47 59 12 12 | www.les-bains-douches.fr)* eingerichtet. Für Familien ideal ist der *Badesee* von Chemillé-sur-Indrois *(Eintritt frei | 16 km im Osten)* mit Gastronomie, Spielplätzen und Liegeflächen am Wasser.

ÜBERNACHTEN

INSIDER TIPP CLOSERIE ST-JACQUES

Unterhalb der Königsstadt bietet Jérôme Fortier in einer ehemaligen Poststation aus dem 17. Jh. mit viel Geschmack in verschiedenen Stilen eingerichtete Gästezimmer an. Die Inhaber geben auch

Die Interieurs im Château d'Ussé – eine Puppenstube im Maxiformat

super Tipps für den Aufenthalt in Loches. *3 Zi. | 37, rue Balzac | Tel. 04 47 91 63 12 | www.lacloseriesaintjacques.com |* €€€

MOULIN DES CORDELIERS

Direkt am Indre-Fluss an der Stelle einer ehemaligen Mühle betreibt Pierre et Vacances ein Haus mit 91 Ferienappartements, die im Prinzip wochenweise, bei Bedarf aber auch für zwei Tage vermietet werden. *1, rue des Ponts | Tel. 02 47 91 46 52 | www.pierreetvacances.com | €–€€*

AUSKUNFT

OFFICE DE TOURISME DU LOCHOIS

Place de la Mairie | Tel. 02 47 91 82 82 | www.loches-touraine cotesud.com

Essen, Kinder! Seeschwalbenmütter können im Naturpark Brenne aus dem Vollen schöpfen

ZIELE IN DER UMGEBUNG

PARC NATUREL RÉGIONAL DE LA BRENNE (128 B7) (*H8*)

So viele Vogelarten und Sumpfschildkröten (cistude d'Europe) wie im regionalen Naturpark sehen Sie nur ganz, ganz selten in Frankreich. Das Land der tausend Teiche hat sein zentrales Verwaltungszentrum in der *Maison du Parc (www.parc-naturel-brenne.fr)* im Weiler Le Bouchet bei Rosnay mit Informationszentrum, Boutique und einem INSIDER TIPP Restaurant *(€)*, das das ganze Jahr über bis 18 Uhr Spezialitäten der Region serviert.

Hier ist der ideale Ausgangspunkt für Radtouren und Wanderungen durch Wälder, Wiesen und Felder an den Teichen. Nehmen Sie sich die Zeit, von den vielen Beobachtungsstationen *(observatoire)* des Naturparks aus Seidenreiher, Enten und selbst Fischadler zu entdecken. Fernglas nicht vergessen!

Die Brenne ist mit ihrem ausgeklügelten Teichsystem auf mehreren Stufen seit dem 14. Jh. einer der größten Produzenten von Karpfen in Frankreich. Hauptabnehmer im Export der Süßwasserfische, die im Winter mit Netzen und Keschern aus dem Wasser geholt werden, ist Deutschland. Eine der besten Adressen im Naturpark ist die ehemalige Poststation neben der Dorfkirche von Rosnay, die INSIDER TIPP *Domaine de la Crapaudine (6 Zi. | 13, rue Saint-André | Tel. 07 86 87 18 50 | €€)*: Sie hat großzügige, originell eingerichtete Gästezimmer, eine Ferienwohnung im ehemaligen Reitstall und ein hypermodernes *Carré d'Etoiles* mit Glasdach zum Sternegucken. Beim Abendessen *(€€)* mit den Eigentümern, die ihre Menüs zum großen Teil aus Bioprodukten zaubern, oder beim opulenten Frühstück gibt es jede Menge Einheimischentipps für Ausflüge in der Region. Wunderbarer Garten.

DESCARTES (128 A6) *(G8)*

„Ich denke, also bin ich", sagte René Descartes, der 1596 in dem kleinen Ort La Haye auf die Welt kam. Seit 1967 trägt das Städtchen (3700 Ew.) mit der sehenswerten Kirche *St-Georges* aus dem 12. Jh. und dem großen Markt am Sonntagvormittag den Namen des Philosophen, der als Bronzestatue auf dem zentralen Platz thront. Das Geburtshaus von René Descartes ist heute ein Museum *(April–Okt. Mi–Mo 14–18, Hochsommer 10–12 und 14–18 Uhr | Eintritt 5 Euro | 29, rue Descartes)*. Noch weiter zurück in die Geschichte geht es in *Le Grand-Pressigny* 12 km im Süden. Dort ist im alten *Renaissanceschloss* ein modernes *Vorgeschichtsmuseum (Sommer Mi–Mo 10–18 Uhr, sonst 10–12.30 und 14–17 Uhr | Eintritt 7,50 Euro)* eingerichtet, das mit spektakulären Filmen und Multimediaschauen die Wurzeln der Menschheit erklärt. Außerhalb des Städtchens liegt die INSIDER TIPP *Domaine de la Roche Bellin (18 Apts. | Tel. 09 73 57 36 46 | www.hebergement-insolite-touraine.com | €€–€€€)* mit ungewöhnlichen Unterkünften. Gwenaëlle und Sébastien Gaudry haben neben ihrem Bauernhof auf einem großen Grundstück Planwagen, Mongolenzelte, Baumhäuser und sogar gemütliche Hobbithöhlen eingerichtet und bringen das Frühstück an die Ferienwohnung.

TOURS

KARTE IM HINTEREN UMSCHLAG
(120 A4) *(G6)* **Mehr schöne Dinge des Lebens wie Lachen, Liebe, Frische, Blumen und Parfüm als in allen anderen ihm bekannten Städten hat Honoré de Balzac in Tours gefunden.**
Kein Wunder, der Schriftsteller wurde 1799 in der ehemaligen Hauptstadt des Königreichs Frankreich geboren. Die lebendige Universitätsstadt mit 25 000 Studenten bei 135 000 Ew. insgesamt, die sich auch einen Namen in der Hightechindustrie gemacht hat, bietet gute Ausgehmöglichkeiten und gehört nicht ohne Grund zu den ersten fünf Städten in der Beliebtheitsskala der Franzosen, was die Lebensqualität angeht.

CITY **WOHIN ZUERST?**
Altstadt: Starten Sie in der Altstadt rund um die *Place Plumereau.* Ihr Wagen steht gut im Parkhaus *Les Halles (place Gaston Paillhou, rund 670 Plätze)* oder direkt an der Brücke Pont Wilson im Parkhaus *Anatole France (place Anatole France, rund 400 Plätze)* zwischen Altstadt und Kathedrale. Am Flussufer gibt es weitere 300 Gratisplätze. Die wichtigsten Buslinien führen zur *Place Anatole France,* ein paar Meter von der Place Plumereau entfernt.

SEHENSWERTES

ALTSTADT

Tours besitzt zwei alte Stadtkerne zwischen Loire und Cher, die erst im 14. Jh.

durch einen Mauerring verbunden wurden. Zuerst entwickelte sich das Viertel rund um die mit kunstvollen Glasmalereien aus dem 13. Jh. versehene Kathedrale *St-Gatien*, die seit dem 14. Jh. den Namen des vermutlich ersten Bischofs von Tours trägt. Sie ist mit ihrer Doppelturmfassade ein gutes Beispiel gotischer Kirchenbaukunst. Vom *Schloss*, das heute Wechselausstellungen beherbergt, sind lediglich noch zwei der einst vier Ecktürme erhalten.

Über die *Rue de la Scellerie* mit ihren Antiquitätenhändlern führt ein schöner Spaziergang westwärts bis zur *Rue National*, der großen Einkaufsstraße und zentralen Achse der Stadt. Gehen Sie ein paar Schritte in Richtung Loire und Wilson-Brücke, wo heute entlang der Straßenbahnstrecke zwischen dem Hôtel Gouin und der Kirche St-Julien ein neues Quartier mit Geschäften und Hotels entsteht. Sahnehaube ist der spektakuläre Museumsbau für zeitgenössische Kunst *Centre de Création Contemporaine Olivier Debré (CCCOD)*, dessen Eröffnung bei Redaktionsschluss bevorstand. Von dort führt die *Rue du Commerce* bis hinein in das zweite alte Zentrum rund um die sehenswerte ★ *Place Plumereau.* Die Fachwerkhäuser aus dem 15. und 16. Jh., die erst nach 1966 renoviert wurden, sind heute beliebte Treffpunkte von Studenten der nahen Universität.

In der *Rue Briçonnet* sind alle Baustile in Tours von der romanischen Fassade aus dem 13. Jh. bis hin zum Bürgerhaus des 18. Jhs. versammelt. Die Basilika *St-Martin* zu Ehren des berühmten Bischofs wurde 1886–1924 im neobyzantinischen Stil ganz neu errichtet. Von einem Vorgängerbau, von 997 bis hinein ins 13. Jh. nach dem Vorbild der Kathedrale von Bourges gebaut, sind heute nur noch die beiden Türme, die *Tour Charlemagne* und die *Tour de l'Horloge,* übrig.

MUSÉE DES BEAUX-ARTS

Auf den gallorömischen Grundfesten von Caesarodunum, dem 2000 Jahre alten Kern von Tours, steht der erzbischöfliche Palast aus dem 12. und 17. Jh., der heute die Kunstsammlung der Stadt beherbergt mit Schätzen aus den zerstörten Schlössern von Richelieu, Chanteloup und den großen Abteien des Umlands. Im Ehrenhof steht eine INSIDER TIPP gigantische Zeder aus dem Libanon, die 1804 gepflanzt wurde und heute 31 m hoch und 3 m breit ist. *Mi–Mo 9–12.45, 14–18 Uhr | Eintritt 6 Euro | 18, place François Sicard | www.mba.tours.fr*

INSIDER TIPP MUSÉE DU COMPAGNONNAGE

Im Museum der Handwerksgesellen sind Meisterstücke der Gesellenbruderschaften, die ihre Wanderjahre in Europa abgeschlossen haben, zu sehen: atemberaubend schöne Arbeiten aller möglichen Berufe vom Zimmermann über den Bäcker bis zum Kunstschmied. Erzählt wird außerdem von der Geschichte und dem Brauchtum jener Vereinigungen. *Mitte Juni–Mitte Sept. tgl. 9–12.30, 14–18, sonst Mi–Mo 9–12, 14–18 Uhr | Eintritt 5,50 Euro | 8, rue Nationale | www.museecompagnonnage.fr*

ESSEN & TRINKEN

L'ATELIER GOURMAND

David und Fabrice Bironneau haben das Haus aus dem 15. Jh. komplett umgekrempelt. Küchenchef Marc Gauthier bleibt auf dem Boden der regionalen Spezialitäten, mischt aber Lauch und *rillons,* Ziegenkäse mit mildem Paprika, Rotbarbe mit Pilzrisotto. *So, Mo- und Sa-Mittag geschl. | 37, rue Etienne Marcel | Tel. 02 47 38 59 87 | www.lateliergourmand.fr* | €€

LA DEUVALIÈRE
In einem Haus aus dem 16. Jh. nahe der Place Plumereau in der Altstadt servieren Servane und Emmanuel Deuval neben regionaler Küche Speisen nach Rezepten aus der Mittelmeerregion. *So, Mo und Sa-Mittag geschl. | 18, rue de la Monnaie | Tel. 02 47 64 32 57 | restaurantladeuvaliere.com* | €€

INSIDER TIPP L'HÉDONISTE
Gut sortierter Weinkeller mit 80 Prozent Bioweinen und ein Restaurant, das fast ausschließlich mit Produkten aus der Region arbeitet. *So, Mo geschl. | 16, rue Lavoisier | Tel. 02 47 05 20 40 | www.lhedoniste-caviste.com* | €€

EINKAUFEN

Jeden Tag Markt ist in Tours selbstverständlich. Höhepunkt sind der Lebensmittelmarkt im *Carreau des Halles (Mo–Sa 7.30–19.30, So 8–13 Uhr | place des Halles)* und der *Blumenmarkt (marché aux fleurs)* mit Kunsthandwerk *(Mi und Sa 8–19 Uhr | bd. Béranger)* in der Altstadt. Für Schnäppchenjäger in Sachen Antiquitäten sind die Geschäfte in der *Rue de la Scellerie* die erste Adresse.

Die Musik laut, die Hemden bunt: Was auch kommt, das alte Fachwerk von Tour wahrt Haltung

Die *Confiserie Poirault (6, rue Nationale, gleich am Musée du Compagnonnage)* fertigt seit 200 Jahren aus Bitterschokolade, Kaffee und Orangen die süße Münze *livre tournois*.

FREIZEIT & SPORT

Vor den Toren der Großstadt bleibt die Loire wild und ungezähmt. Die Schönheit des Flusses, der immer wieder neue Inseln schafft, zeigt sich am Besten auf dem Wasser. In Rochecorbon *(8km östlich)* hat der Verein *La Rabouilleuse (1,5 Std. Ausflug 15 Euro | place du 8 mai 1945 | Tel. 06 95 39 32 00 | www.*

Azay-Le-Rideau – ein prima Platz für Dornröschen. Oder Drosselbart

larabouilleuse-ecoledeloire.com) zwei Holzboote mit Segeln für Touren auf der Loire, zum Beispiel stromaufwärts zum *Lanterne-Turm*, der hoch über dem Fluss einst den Schiffsverkehr überwachte.

AM ABEND

Als Studentenstadt bietet Tours natürlich jede Menge Angebote für junge Leute. Seit jeher ein Treffpunkt mit Bars, Diskos und Cafés ist die *Place Plumereau* im alten Zentrum. Rund um die Fußgängerzone in der *Rue de Bordeaux* wird das Viertel in der Nachbarschaft des Bahnhofs abends sehr lebendig. Wer tanzen möchte, ist in *L'Excalibur (35, rue Briconnet | www.lexcalibur76.fr)* oder auch in *Le Pym's (170, av. de Grammont | www.lepyms.com)* gut aufgehoben. Jazzfreunde ziehen am besten zu *Le Petit Faucheux (12, rue Léonard-de-Vinci | www.petitfaucheux.fr)*. Im Sommer *(Mai–Sept. tgl. 11–34 Uhr)* ist die INSIDER TIPP *Guinguette de Tours*, das Uferlokal unter freiem Himmel an der Wilson-Brücke der schönste Treffpunkt der Stadt: Konzerte, Workshops, Verkostungen, Tanz, Spiele, Kleinkunst und Restaurant versammeln die Leute an der Loire.

ÜBERNACHTEN

L'ADRESSE

Nur ein paar Schritte von der Place Plumereau und den Markthallen entfernt liegt das kleine, komplett renovierte Hotel in der Fußgängerzone von Tours. Die 17 Zimmer sind relativ klein, aber sehr gut mit den Errungenschaften moderner Technik ausgestattet. *12, rue de la rôtisserie | Tel. 02 47 20 85 76 | www.hotel-ladresse.com* | €€

DOMAINE DU CLOS DE L'EPINAY

Eine andere Art, die Touraine kennen zu lernen: Marie-Claire und Luc Dumange haben in dem Winzerdorf Vouvray auf ihrem eigenen Weingut zwei ruhige, geräumige, für Familien geeignete Gästezimmer eingerichtet und erklären auch in deutscher Sprache, was man mit der Chenin-Traube alles keltern kann. *Ostern bis Allerheiligen | Vouvray | 15 km östlich | Tel. 02 47 52 61 90 | www.vinvouvray.com* | €

HÔTEL RONSARD

Nahe der Kathedrale und dem Bahnhof ein kleines sauberes Haus mit gutem Komfort. *20 Zi. | 2, rue Pimbert | Tel. 02 47 05 25 36 | www.hotel-ronsard.com* | €€

AUSKUNFT

OFFICE DE TOURISME
78/82, rue Bernard Palissy | Tel. 02 47 70 37 37 | www.tours-tourisme.fr

ZIELE IN DER UMGEBUNG

AZAY-LE-RIDEAU ★ (127 F5) (*F7*)
Honoré de Balzac begeisterte sich für dieses Schloss, das im 16. Jh. vom königlichen Schatzmeister Gilles Berthelot wieder aufgebaut wurde. Für den Schriftsteller war es ein von der „Indre umspülter, geschliffener Diamant". Der Bau, der die französische Tradition mit hohen Dächern und schlanken Türmchen mit der italienischen Strenge der Symmetrie und der waagerechten Linien verbindet, ist zum Teil in den Fluss hineingestellt. *April–Okt. tgl. 9.30–18, Juli/Aug. bis 19, Nov.–März tgl. 9.30–12.30, 14–17.30 Uhr | Eintritt 6,50 Euro | www.azay-le-rideau.fr*
Das Château ist die Hauptattraktion der kleinen Stadt (24 km südwestlich, 3100 Ew.), die zudem das originelle Museum *Espace Maurice Dufresne (Feb.–April, Okt./Nov. tgl. 10–18, Mai–Sept. bis 19 Uhr | Eintritt 10 Euro | Moulin de Marny | 6 km westlich | www.musee-dufresne.com)* beherbergt, das in einer ehemaligen Papiermühle auf einer Halbinsel im Fluss mehr als 3000 alte Maschinen wie eine Guillotine von 1792, einen amerikanischen Traktor von 1914 und einen Wassermotor von 1877 als Hommage an den menschlichen Erfindungsgeist präsentiert. Es gibt außerdem eine Cafeteria und Picknickplätze. Das ansprechende Restaurant *Les Grottes (23 ter, rue Pineau | Tel. 02 47 86 22 96 | €€)* ist in einer Höhlenwohnung eingerichtet. Auskunft: *Office de Tourisme | place de l'Europe | Tel. 02 47 45 44 40 | www.otpaysazaylerideau.com*

INSIDER TIPP LES GOUPILLIÈRES
(127 F5) (*F7*)
In diesem Tal etwa 2 km östlich von Azay liegt in viel Grün eingebettet eine wunderschöne Höhlenanlage, die einst der Obstbauer Louis-Marie Chardon ausgegraben hat. Es gibt einen Bauernhof mit Wohnraum, Seidenraupenzucht, Holzofen und Ställen für die Esel zu sehen. *Feb./März Sa/So 14–18, April–Mitte*

LOW BUDG€T

Drei Winzer haben sich in Amboise zusammengeschlossen, um ein Weinlokal mit kleiner Speisekarte zu eröffnen: Die *sommelière* bringt Erfahrungen aus großen Häusern mit, die Küche serviert zum Wein der Region köstliche kleine und günstige Gerichte. *Chez Bruno | tgl. ab 12 Uhr | 40, place Michel Debré | www.bistrotchezbruno.com*

In Frankreich nicht üblich, aber toll, um Kontakte zu Einheimischen zu knüpfen: große Tische, familiäre Atmosphäre, gute Küche, herrliche Weine, dazu kleine Preise und in der Altstadt – *La Cuisine de Georges. Mo–Sa 9–20 Uhr | 20, rue Courteline | Tours | Tel. 02 47 36 92 04*

Die 25 Zimmer auf der *Île d'Or* schauen entweder auf die Loire oder auf das Schloss von Amboise. Super Lage, kein großer Komfort (weder Dusche noch WC im Zimmer), aber sauber und mit höchstens 22 Euro pro Nacht und Person sehr günstig. *Ganzjährig geöffnet | Ethic Etapes | Centre Charles Péguy | Amboise | Tel. 02 47 30 60 90 | short.travel/loi9*

Nov. Mo–Fr 10–19, Sa/So 14–18 Uhr | 6,50 Euro | www.troglodytedesgoupillieres.fr. 28 km südwestlich

LANGEAIS (127 F4) (*F6*)

Vom Wehrturm des 10. Jhs. ist nur eine Ruine übrig, aber Handwerker haben an seiner Mauer ein Gerüst in alter Tradition aufgebaut, das zeigt, wie im Mittelalter gebaut wurde. Auf der anderen Seite der Parkanlage ist das von Louis XI im 15. Jh. gebaute Renaissanceschloss eine Schatztruhe, die der passionierte Sammler Jacques Siegfried im 19. Jh. mit kostbaren Wandteppichen wie der *Suite des Neuf Preux* (16. Jh.), mit Möbeln, Keramiken und Fußbodenmosaiken ausstattete. 2008 wurde alles neu arrangiert. In einer Multimediaschau können Sie in einem Saal die Hochzeit von Charles VIII mit der Habsburgerin Anne de Bretagne am 6. Dezember 1491 ansehen, die Langeais (20 km westlich) berühmt gemacht hat. *Feb./März 9.30–17.30, April–Mitte Nov. 9.30–18.30, Juli/ Aug. bis 19, Mitte Nov.–Jan. 10–17 Uhr | 9 Euro | www.chateau-de-langeais.com*

MONTLOUIS-SUR-LOIRE (128 A4) (*G6*)

In dem zwischen Tours und Amboise gelegenen Ort hegt und pflegt die Prinzenfamilie De Broglie über 400 verschiedene Sorten Tomaten in ihrem *Conservatoire de la Tomate* rund um das ★ *Château de la Bourdaisière (April–Ende Okt. tgl. 10–12, 14–18, Mai–Sept. 10–19 Uhr | Eintritt 7,50 Euro | 15 km im Osten | Tel. 02 47 45 16 31 | www.chateaulabourdaisiere.com | €€€)* aus der Renaissance. Das Schloss bietet 29 luxuriöse Zimmer.

Weniger Luxus, aber ebenso viel Charme bietet der INSIDER TIPP *Clos des Augers (3 Zi. | Dany et Philippe Hellio | Azay-sur-Cher, 8 km südöstl. von Montlouis, den Schildern Augers an der N 76 folgen | Tel. 02 47 50 49 49 | www.closdesaugers.fr | €)*, ein sehr sympathisches Gästehaus mit Bauernhof, das auch Kindern gefallen wird. Das Paar hat zudem ein charmantes Ökohaus *(ab 790 Euro/ Woche | www.hameaudesaugers.fr)* für 6 Personen mit WLAN-Anschluss und allem Komfort eröffnet. Und einen Zirkuswagen *(€€)* für max. 4 Personen im 3 ha großen Garten. Wer schon am Cher ist, sollte sich auch den Land-gasthof INSIDER TIPP *La Boulaye* mit der Sommerterrasse *(Di–Abend, Mi geschl. | Familie Caron | Athée-sur-Cher, zwischen Tours und Chenonceaux, D 976, dann 2 km Feldweg | Tel. 02 47 50 29 21 | www.laboulaye.fr | €€)* nicht entgehen lassen.

MUSÉE PIERRE DE RONSARD (128 A4) (*G6*)

Hier war Pierre de Ronsard Prior von 1565 bis zu seinem Tod und wurde im Garten zwischen Rosenbeeten und Lilien begraben. Behutsam restaurierte Pilgerstätte mit Arbeitszimmer und Dokumentationszentrum zum Leben des geistlichen Poeten. *Mitte März–Mitte Okt. 10–18, Hochsommer bis 19, Winter Mi–Mo 10–12.30 und 14–17 Uhr | Eintritt 6 Euro | 3 km vom Zentrum in La Riche | www.prieure-ronsard.fr*

SACHÉ (127 F5) (*G7*)

In dem kleinen Renaissanceschloss (25 km südwestlich) mit dem herrlichen Park fand der von seinen Gläubigern in Paris gejagte Honoré de Balzac die Ruhe, um seine Romane gleich im Dutzend zu schreiben. Dort ist sein Arbeitszimmer noch genauso eingerichtet, wie er darin gearbeitet hat. Interessante Dokumentation des Schriftstellerlebens in zehn Sälen (Führung empfehlenswert), verschiedene Entwürfe zur Rodin-Statue des Autors. *Château de Saché | April–Ende*

Sept. tgl. 9–19, im Winter 9.30–12.30, 14–17.30 Uhr | Eintritt 5,50 Euro | www.musee-balzac.fr

Schon Balzac schätzte das Restaurant *Auberge du XII. Siècle (So-Abend, Mo, Di geschl. | direkt am Schloss | Tel. 02 47 26 88 77 | €€–€€€)*, das mit seinem Fachwerk den Namen zu Recht trägt und ein Gourmettempel der Region ist.

VILLAINES-LES-ROCHERS

(127 F5) *(🗺 F7)*

Das Dorf mit den Höhlenwohnungen, 30 km im Südwesten, ist für seine Korbmacher bekannt. 1849 gründete der Pfarrer eine Kooperative *(www.vannerie.com)*, an der heute noch rund 80 Familien beteiligt sind. Die Geschichte des Weidengeflechts ist hübsch dokumentiert. *Musée de l'Osier et de la Vannerie | April–Okt. Di–So 14–18, Hochsommer auch Di–Sa 10–12 Uhr | Eintritt 5 Euro | 7, place de la Mairie*

VILLANDRY ★ (119 F4) *(🗺 F6)*

In diesem Garten kann sich jeder Besucher verlieren – stundenlang, tagelang und das zu jeder Jahreszeit. Die Nachkommen des spanischen Arztes Joachim Carvallo, der dieses letzte große an der Loire gebaute Renaissanceschloss im Jahr 1906 kaufte, lassen sich von der Gartenbaukunst des 16. Jhs. inspirieren und veranstalten auf etwa 5 ha ein Fest für Augen, Ohren und Nase: Da gibt es Ziergärten mit kunstvoll angelegten Beeten, einen Wassergarten, herrliche Baumalleen, aber auch Gärten voller Heilkräuter und Gemüse. Die stattliche Anzahl von 1260 Linden und 52 km Buchsbäumen, die jedes Jahr beschnitten werden, schmückt das Areal, auf dem außerdem ein Sonnengarten *(jardin du soleil)* nach alten, aber bislang niemals verwirklichten Plänen Joachim Carvallos mit einem sternförmigen Wasserbecken sowie Spielgeräten für Kinder eröffnet wurde. Gemüse aus dem Garten wird im Restaurant *La Doulce Terrasse (Mitte März–Mitte Nov. tgl. 9.30–17 Uhr | €)* serviert. *Schloss: Feb.–11. Nov. tgl. 9.30–17, Juli/Aug. tgl. 9–18.30 Uhr, Garten: im Winter tgl. 9–17.30, Mai–Mitte Sept. 9–19.30*

Tomaten? Nur eine von 400 Sorten im Tomatengarten der Familie De Broglie

Uhr | Eintritt 6,50, mit Schloss 10,50 Euro | www.chateauvillandry.com

Wer nach dem Gartenbesichtigungsprogramm Appetit bekommen hat, wird auf dem Bauernhof INSIDER TIPP *Etape Gourmande* mit regionalen Produkten und hausgemachtem Käse gut bedient. *Domaine de la Giraudière | auch mit großer Ferienwohnung (gîte) | Mitte März–12. Nov. tgl. 12–15, 19.30–21 Uhr | Tel. 02 47 50 08 60 | www.letapegourmande.com | €€*

ANJOU & SARTHE

Zum großen Strom wird die Loire im kleinen Bouchemaine. Die Maine, mit 10 km Länge der kürzeste Fluss Frankreichs, nimmt Loir, Sarthe und Mayenne nördlich Angers' auf, bevor sie sich mit der Loire vereint. Angers mit seiner Architektur in schwarzem Schiefer ist das wirtschaftliche Zentrum des Anjou. Als touristischer Gegenpol dient das kleine, aber feine Saumur mit Gebäuden aus weißem Tuffstein.

Dazwischen liegen die Weinbaugebiete von Layon und die Kalksteinhöhlen, in denen z. B. Pilze gezüchtet werden. Perlen im Anjou sind Fontevraud, eines der wichtigsten Klöster Frankreichs, und das Château de Brézé mit Europas größter unterirdischer Festungsanlage. An den Ufern des Loir und der Sarthe ist das Leben ruhiger und beschaulicher als am großen Strom. Es lohnt sich, die Schlösser Le Lude oder Durtal, die Abtei von Solesmes und vor allem kleine Städte wie Sablé-sur-Sarthe zu entdecken.

ANGERS

KARTE IM HINTEREN UMSCHLAG
(126 C4) (*D6*) **Über 2000 Jahre alt, aber quicklebendig: Angers (156 000 Ew.), von Kelten gegründet, im Mittelalter Zentrum des angevinischen Reichs unter Führung der Plantagenets und im 16. Jh. unter König René als „Athen des Westens" berühmt, ist seit langem Handelszentrum für Weine und Landwirtschaftsprodukte des Anjou.**

 Bild: Saumur

Architektur in Schwarz-Weiß: Schwarzer Schiefer und weißer Tuffstein prägen das Erscheinungsbild von Angers und Saumur

WOHIN ZUERST?

Place du Ralliement: Die zentrale Anlaufstelle direkt im Herzen von Angers ist die komplett als Fußgängerzone inklusive Straßenbahn-Haltestelle neu gestaltete Place du Ralliement. Dort gibt es auch ein großes Parkhaus, in dem Sie Ihren Wagen abstellen können. Von hier aus sind alle Sehenswürdigkeiten bequem zu Fuß zu erreichen.

Es gibt zwei Universitäten mit rund 30 000 Studenten sowie Tausende von Arbeitsplätzen in der Informations- und Biotechnologie. Angers gehört wie Tours und Orléans zu den Dutzend Städten, die die höchste Lebensqualität in ganz Frankreich bieten.

SEHENSWERTES

ALTSTADT

Ein Spaziergang von der alten *Festungsanlage* zur belebten *Place du Ralliement* macht deutlich, warum Angers früher

Wer hat hier die Macht? Kirche oder Fürst? In Angers sieht es fast nach einem Patt aus

als „schwarze Stadt" bezeichnet wurde: Schiefer und Holz in engen Gassen geben nur wenig Licht. Das schönste Fachwerkhaus von Angers ist die *Maison d'Adam* an der Place Ste-Croix mit reichen Holzschnitzereien wie dem grotesken *tricouillard* (Darstellung eines Mannes mit drei Hoden) und einem Kunsthandwerkerzentrum im Erdgeschoss. Die *Rue St-Aubin* führt zum Glockenturm von *St-Aubin* aus dem 12. Jh., dem Rest einer der ältesten Abteien an der Loire. Klassischer Treffpunkt der Stadt mit dem Theaterbau aus dem 19. Jh., vielen Cafés und Restaurants ist die *Place du Ralliement*.

CHÂTEAU

17 aus dunklem Schiefer und hellem Sandstein geschichtete, bis zu 40 m hohe Rundtürme schützen die fünfeckige Festungsanlage hoch über der Maine. Louis IX ließ sie im 13. Jh. zu einer der bedeutendsten Burgen Europas ausbauen. Innerhalb der Gräben sind die seit dem Zweiten Weltkrieg restaurierten Gebäude wie das *Châtelet*, der *Logis Royal* und die *Grande Chapelle* zu besichtigen.Größte Attraktion aber ist der berühmte ★ *Wandteppichzyklus der Apokalypse*, den Louis I 1380 anfertigen ließ. Diese Tapisserie, ursprünglich mehr als 140 m lang und 6 m hoch, von der heute noch ca. 100 m erhalten sind, zeigt in sechs Bildern mit ehemals 84 Szenen die Offenbarung des hl. Johannes mit unendlich reichen Hinweisen auf den Alltag und die Ängste in der Zeit des Hundertjährigen Kriegs. Nehmen Sie sich viel Zeit und Infomaterial (auch auf Deutsch) für den Gang durch den Ausstellungssaal in der südlichen Wallmauer. *Mai–Aug. tgl. 9.30–18.30, Sept.–April 10–17.30 Uhr | Eintritt 8,50 Euro | 2, promenade du Bout du Monde*

INSIDER TIPP COLLÉGIALE ST-MARTIN

Die älteste Kirche von Angers, im 5. Jh. auf gallorömischen Fundamenten gebaut und nach der Revolution 1789 als Holz- oder Tabaklager missbraucht, ist nach 20-jährigen Sanierungsarbeiten ein Schmuckstück, das Baugeschichte über 1600 Jahre dokumentiert. Sammlung von Heiligenfiguren aus dem 16. bis zum 20. Jh., von März–Aug. Konzertsaal für Barockmusik. *Im Winter Di–So 13–18, in der Hochsaison tgl. 10–19 Uhr | Eintritt 4 Euro | 23, rue St.-Martin | www.collegiale-saint-martin.fr*

LA DOUTRE
Ruhiger Stadtteil am rechten Ufer der Maine, früher das Klosterviertel mit dem ehemaligen *Frauenkloster von Ronceray* (nur für Sonderausstellungen mit zeitgenössischer Kunst geöffnet) aus dem 11. Jh., der *Eglise de la Trinité* aus dem 12. Jh. und der *Place du Tertre-Saint-Laurent* mit den Fachwerkbauten der Speicherhallen des ehemaligen Krankenhauses Saint-Jean aus dem 12. Jh.; komplett neu sind das Kulturzentrum *Le Quai* mit Panoramarestaurant und der Hafen mit Blick auf das Schloss. *Place de la Laiterie*

GALERIE DAVID D'ANGERS
Der Bildhauer Pierre-Jean David (1788–1856) hat seine z. T. monumentalen Skulpturen der Heimatstadt vermacht. In der Ruine der ehemaligen *Klosterkirche Toussaint* werden unterm Dach aus Stahl und Glas Hunderte Werke präsentiert, darunter Büsten von Honoré de Balzac, Victor Hugo und Johann Wolfgang von Goethe. *Sommer tgl. 10–18.30, Winter Di–So 10–12 und 14–18 Uhr | Eintritt 4 Euro | 33 bis, rue Toussaint*

KATHEDRALE ST-MAURICE
In diesem Kirchenschiff aus dem 12. Jh. sind erste Ansätze der angevinischen Kreuzrippengewölbe zu sehen. Außerdem gibt es Glasmalereien wie das „Jüngste Gericht" (15. Jh.) und einen Hochaltar unter einem Baldachin aus dem 18. Jh. *Tgl. 8.30–19 Uhr | Place Monseigneur Chappoulie*

MARCO POLO HIGHLIGHTS

★ Wandteppichzyklus der Apokalypse
Das Ende der Welt – gebannt auf einen Teppich → S. 76

★ Musée des Beaux-Arts
Moderne Architektur für die Kunst in einem alten gotischen Herrensitz in Angers → S. 78

★ Musée Jean-Lurçat
Zeitgenössische Teppichkunst → S. 78

★ Brissac
Verschwenderische Pracht, in 500 Jahren von derselben Familie gesammelt → S. 80

★ Cadre Noir de Saumur
Die Wiege der französischen Reitkunst ist zum Weltkulturerbe der Unesco erklärt worden → S. 85

★ Cunault
Die Klosterkirche ist Schauplatz exquisiter Konzerte → S. 87

★ Bioparc de Doué
Nicht nur die Giraffen fühlen sich wohl im ehemaligen Tuffstein-Sandbruch, der einer der schönsten Zoos in Frankreich wurde → S. 87

★ Fontevraud l'Abbaye
Einst der größte Klosterkomplex des Abendlandes → S. 88

MUSÉE DES BEAUX-ARTS ★

Die 27 Mio. Euro teure Renovierung und der Umbau des *Logis Barrault*, eines gotischen Herrensitzes aus dem 15. Jh., haben sich gelohnt. Angers hat ein Kunstmuseum, das Schätze wie Werke von Jean Auguste Dominique Ingres, Guillaume Bodinier und Claude Monet birgt, sich mit einem neuen Saal aber auch resolut zeitgenössischer Kunst öffnet. Schönes *Café des Orfèvres* im selben Gebäude. *Di–So 10–12, 14–18, im Sommer 10–18.30 Uhr | Eintritt 4 Euro | 14, rue du Musée.*

Auf dem Markt in Angers gibt es zum Biogemüse ein charmantes Lächeln

MUSÉE JEAN-LURÇAT ★

Der älteste Hospitalbau in Frankreich, um 1175 im Auftrag von Henri II Plantagenet errichtet, beherbergt eine Krankenhausapotheke aus dem 17. Jh. und das Museum für zeitgenössische Teppichkunst. Jean Lurçat hat von 1957 bis zu seinem Tod 1966 die mittelalterliche „Tenture de l'Apocalypse" im Schloss von Angers als Ausgangspunkt für seinen eigenen, 80 m langen Teppichzyklus *Le Chant du Monde* (Weltgesang) genommen. *Sommer tgl. 9.30–18.30, Winter Di–So 10–12, 14–18 Uhr | Eintritt 4 Euro | 4, bd. Arago*

ESPACE AIR PASSION

Am 1998 eingeweihten Flughafen von Angers-Marcé präsentiert ein Verein über 50 Kleinflugzeuge wie Doppeldecker, Segler und Versuchsmaschinen, die zwischen 1907 und 1970 gebaut wurden. Originell: Das Museum ist gleichzeitig Werkstatt für die Restaurierung alter Flugzeuge und Ausbildungsstätte für Ingenieure. *16. April–15. Okt. Di–Sa 14–18, So 15–19, Juli/Aug. außerdem 10–12 Uhr, Winter Sa/So 14–18 Uhr | Eintritt 6 Euro | Aéroport d'Angers-Marcé | www.musee-aviation-angers.fr*

ESSEN & TRINKEN

Die meisten Restaurants finden Sie rund um die Place du Ralliement und in der Rue St-Laud.

LE DIX SEPTIÈME

Das Zahlenspiel hat einen Sinn, denn das Restaurant ist in einem Haus aus dem 17. Jh. mitten in der Altstadt untergebracht. Das Auge isst mit, wenn der Küchenchef die Teller hübsch dekoriert und den *café gourmand* mit bunten Süßigkeiten serviert. *Sa-Mittag, So und Mo-Mittag geschl. | 6, rue Claveau | Tel. 02 42 87 92 27 |* €€

LE PETIT COMPTOIR

Der Chef hat sein Handwerk bei Sterne-Köchen gelernt und bietet im Bistrot eine kleine Karte mit frischen Produkten der Region an. *So, Mo geschl. | 40, rue David-d'Angers | Tel. 02 41 43 32 00 |* €–€€

LES TROIS LIEUX

Direkt am Ufer der Loire, am kleinen Hafen von Les-Ponts-de-Cé, haben Marie und Alain Sabatier in einer ehemaligen Angelhakenfabrik ein Hotel-Restaurant in modernem Design eingerichtet. Cedric Barré leitet das Feinschmeckerrestaurant *(Mo geschl. | €€€)*, das z. B. ein Duo von Zander und Räucheraal serviert sowie das *Bistrot (Mo–Fr nur mittags | €)*. Auch 30 Zi. *(€€–€€€)*, darunter wunderschöne Suiten im Haupthaus mit Traumblick auf die Loire und Wellnessbereich. *10, port des Noues | Tel. 02 14 03 03 53 | www.les3lieux.com*

EINKAUFEN

Samstag ist großer Markttag in Angers. Rund um den früheren zentralen Platz, die *Place Imbach*, gibt es von frischem Gemüse über Trödel bis zu hin zu Blumen und Bioprodukten nahezu alles zu kaufen. Antiquitätenhändler finden Sie in der *Rue Toussaint.* Den *quernon d'Ardoise,* eine leckere Schokoladenspezialität im Schieferdesign, gibt es bei *La Petite Marquise (22, rue des Lices)*, die besten *rillauds* aus Schweinefleisch schon seit über 100 Jahren im Feinkostgeschäft *Aux Rillauds d'Or (geschl. Ende Juli–Mitte Aug. | 35, rue St-Laud).* Der Teesalon *Carré d'Anjou (So, Mo-Morgen geschl. | 8, place de la Gare)* verkauft süße und herzhafte Leckereien, die zu 100 Prozent aus dem Anjou stammen.

AM ABEND

Angers ist eine Studentenstadt. Dementsprechend breit gefächert und angesagt ist das Angebot an Bars, Diskotheken und Konzertsälen. Eine der ältesten Diskos ist *Le Boléro (geschl. So/Mo | 38, rue St-Laud)*, neu in einer ehemaligen Kirche hat die Bar *Le K 9 (9, rue Cordelle | Tel. 02 41 34 72 15)* mit Restaurant eröffnet.

ÜBERNACHTEN

HÔTEL D'ANJOU

Renovierter Hotelpalast mit toll dekoriertem Eingangsbereich und dem Feinschmeckerrestaurant *La Salamandre* mitten in der Stadt. *53 Zi. | 1, bd. Foch | Tel. 02 41 21 12 11 | www.hoteldanjou.fr | €€€*

HÔTEL CONTINENTAL

Ein paar Schritte von der Place du Ralliement liegt das Hotel, das wegen seines Biofrühstücks und der Energieeinsparungen mit einem europäischen Ökolabel ausgezeichnet wurde. *25 Zi. | 12–14, rue Louis de Romain | Tel. 02 41 86 94 94 | www.hotellecontinental.com | €–€€*

LOIRE ET SENS

Ein ehemaliger Jagdsitz aus dem 17. Jh. in einem großen Park ist zum Hotel-Restaurant umgebaut worden. Großzügige Zimmer im Neubau aus Schiefer und Holz rund um den Garten, gutes *Restaurant (So-Abend geschl. | €€)*, Schwimmbad und Wellnessbereich. *23 Zi. | 11, chemin du Bois-Gallou | Juigné-sur-Loire | 10 km im Süden des Zentrums | Tel. 02 41 66 30 03 | www.loireetsens.com | €€€*

AUSKUNFT

OFFICE DE TOURISME

7, place Kennedy | gegenüber dem Schloss | Tel. 02 41 23 50 00 | www.angersloiretourisme.com

ZIELE IN DER UMGEBUNG

BAUGÉ (127 D3) *(E5)*

Das kleine Städtchen (3700 Ew.), 38 km östlich von Angers, lebt von seiner Geschichte und der architektonischen Kuriosität der *clochers tors*, der verdrehten Kirchtürme in seiner Umgebung. Sehenswert ist das *Schloss* aus dem 15. Jh. und vor allem die *Apotheke* aus dem 17. Jh. im Krankenhaus nebenan, die mit ihrer kostbaren Holzeinrichtung und ihren Keramiktöpfen zu den schönsten Beispielen des Genres in Frankreich zählt *(Mitte April–Mitte Juni, Mitte Sept.–Anfang Nov. Mi–So 14–18, Mitte Juni–Mitte Sept. tgl. 10–12.30 und 13.30–18 Uhr | Kombiticket 11,50 Euro | place de l'Europe)*. Im *Hospice de la Girouardière (Mi–Mo 14.30–16.15 Uhr | Eintritt frei | rue de la Girouardière)* hüten die Schwestern das INSIDER TIPP Anjou-Kreuz aus der Zeit der Kreuzzüge, das Modell für das Freiheitskreuz mit doppeltem Querbalken von Charles de Gaulle wurde.

LOW BUDG€T

Sternekoch Pascal Favre d'Anne hat in Angers das „VF"-Konzept der Bioversion von amerikanischem Fast Food erfunden: „very fraîche" und „very français", also sehr frisch und sehr französisch. Im Erdgeschoss seines Gourmetrestaurants serviert sein Team ein Minimenü aus regionalen und Bioprodukten für 9,70 Euro. *Restaurant VF | 21, bd. Foch | Tel. 0241429129 | www.restaurantvf.fr | €*

Der City-Pass in Angers (14 Euro/24 Std., 23 Euro/48 Std.) bietet freien Eintritt in praktisch alle Museen der Stadt und reduziert die Preise im Nahverkehr, in Parkhäusern, im Kino *Les 400 coups*, im Shop des Verkehrsamts und bei der Fahrradmiete. *Office de Tourisme d'Angers | 7, place Kennedy | Tel. 02 41 23 50 00 | www.angersloiretourisme.com*

Der markanteste der insgesamt fünf verdrehten Kirchtürme um Baugé ist im alten Dorf *Le Vieil-Baugé* 3 km südlich zu sehen. Drei nette, preiswerte Gästezimmer im typischen Baugé-Haus sowie nach Anmeldung ein herrliches Abendessen bieten Jannick und Jean-Pierre Gallet 3 km südwestlich *(Le chant d'oiseau | Les Rues | Bocé | Tel. 02 41 82 73 14 | €)*. Weitere Infos unter *www.tourisme-bauge.com/accueil*

BRISSAC ★ (126 C4) (*D6*)

48 m hoch türmen sich die bis zu sieben Etagen dieses Schlosses aus dem 15. Jh., das zu den eindrucksvollsten Bauwerken im Loire-Tal gehört. Seit 1502 im Besitz derselben Familie, die das Haus verschwenderisch mit französischen Decken, Wandteppichen, Gemälden und Möbeln sowie im 19. Jh. mit einem eigenen Theater ausstattete. Es lohnt sich, nach der Besichtigung einen Spaziergang im Park an den Armen der Aubance zu machen. Der Herzog von Brissac öffnet Gemächer wie den Schlafraum von Louis XIII als luxuriöse Gästezimmer (€€€) und hat einen eigenen Weinkeller. *15 km südl. April–Okt. Mi–Mo 10–12.15, 14–18, Juli/Aug. tgl. 10–18 Uhr | Eintritt 10 Euro | in Brissac-Quincé | www.brissac.net*

9 km im Norden hat das niederländische Paar Gerdie und Jan Liebreks das *Château de Cheman* mit Weingut aus dem 14. Jh. mit 28 ha großem Park übernommen und dort fünf großzügige Gästezimmer mit viel Geschmack eingerichtet (*Blaison Gohier | Tel. 02 41 66 93 32 | www.chateau-cheman.com | €€€)*. Auskunft: *Office de Tourisme | 8, place de la République | Brissac-Quincé | Tel. 02 41 91 21 50 | www.loire-aubance.fr*

INSIDER TIPP CHÂTEAU DU PLESSIS-BOURRÉ (126 C3) (*D5*)

Jean Bourré, der Finanzminister von König Ludwig XI., hat 15 km im Norden von Angers 1468 ein Wasserschloss gebaut,

Adel verpflichtet: Die Herzöge von Brissac leisteten sich gar ein Theater für ihr Schloss

das den Wechsel von der Trutzburg zum angenehmen Aufenthaltsort symbolisiert. Noch gibt es die Zugbrücke, die das Anwesen im Notfall abschirmte, noch gibt es die 2 m dicken Mauern und den 44 m hohen Wehrturm. Im Gegensatz dazu: der großzügige Innenhof mit seinen Arkaden und die Fassade mit den Fenstern, die schon die Renaissance ankündigen. Der Wohlstand des Bauherrn zeigt sich in der Verwendung der schönsten Steine und Hölzer der Region. Einmalig in Frankreich sind die Holzdecken in der *Salle des Gardes*, in der Gäste auf die Audienz mit dem Hausherrn warteten.

Das Schloss ist mit der Zugbrücke, der exquisiten Inneneinrichtung wie Bibliothek und Herrenzimmer und dem Park mit dem Alchimistengarten eine begehrte Kulisse für Filme. *Nur geführte Besichtigungen Mitte Juli–Ende Aug. tgl. 10–18, sonst 10–12, 14–18 Uhr, Mitte Feb.–Ende Nov. Mi, Do-Morgen geschl. | Eintritt 10 Euro | Écuillé | Tel. 0241320672 | www.plessis-bourre.com*

CHÂTEAU DU PLESSIS-MACÉ

(126 B3) (*C5*)

Vom Parkplatz aus fällt der mächtige Wehrturm aus dem 15. Jh. auf. Der Schritt durch das Schlosstor öffnet den Blick auf einen Herrensitz mit harmonischen Proportionen, einer Kapelle mit außergewöhnlichen Holzeinbauten, einem Balkon mit aufwendig gestalteten Friesen, einem Wehrgang und einem Park. Ein schöner Rahmen für eins der großen Theaterfestivals in Frankreich und regelmäßige Auftritte und Workshops von Schauspielern und Regisseuren. *April–Nov. Mi, Sa, So 13.30–18, Juli/Aug. tgl. 10–18.30 Uhr | Eintritt 5 Euro | Le Plessis-Macé | www.chateau-plessis-mace.fr*

CORNICHE ANGEVINE

(126 B–C4) (*C–D6*)

Südwestlich von Angers zieht sich die D 751 als kurvenreiche und landschaftlich reizvolle Panoramastraße einen Höhenrücken entlang. Ein Ausblick auf die Loire wie im Bilderbuch: breite Sandbänke, große Inseln und strombrechen-

de kleine Dämme, die nur im Sommer sichtbaren *épis*.
Der Ort *Savennières* mit der Kirche aus dem 10.–12. Jh. liegt am Fuß der mittelalterlichen Weinberge, die einen der besten Weißweine Frankreichs hervorbringen: Nicolas Joly, der seit 1984 auf Ökowein setzt und beim Weinbau stehen winters die Inseln vor *Chalonnes-sur-Loire* mit einer Bergarbeiterkapelle. Hier hat die Unesco die Grenze für die Klassifizierung des Loire-Tals als Welterbe gesetzt.
Sehenswert ist einige wenige Kilometer flussabwärts *Montjean-sur-Loire*, im Sommer Hafen für Ausflüge auf dem

Wie der Vogel aufs Porzellan kommt, zeigt man Ihnen in Malicornes Fayencewerkstätten

Rudolf Steiners anthroposophische Regeln befolgt, baut auf 7 ha aus Chenin-Trauben die INSIDER TIPP Spitzenlage Coulée de Serrant aus, die schon Kaiserin Joséphine und Dichter Alexandre Dumas begeistert haben *(Château de la Roche-aux-Moines | Savennières | Besichtigung nach Vereinbarung: Tel. 02 41 72 22 32 | www.coulee-de-serrant.com)*.
Auf dem Weg zum Weindorf Rochefort-sur-Loire liegt das sehenswerte *Inseldorf Béhuard* mit der Marienkapelle aus dem 15. Jh., die Louis XI stiftete. Im Sommer traumhafter Park, im Winter z. T. von der Loire überschwemmt. Auch unter Wasser Fluss *(www.montjean.net)* und idealer Ausgangspunkt für Radtouren.
Sehr gute regionale Küche bietet Ihnen die *Auberge de la Loire (2, quai des Mariniers | Tel. 02 41 39 80 20 | www.aubergedelaloire.com | €€)*, außerdem acht kleine, schöne Zimmer, davon vier mit Blick auf die Loire-Brücke (€€).

COTEAUX DU LAYON

(126 B–C 4–5) *(C–D 6–7)*
Südlich von Angers bietet das Anbaugebiet für die süßen weißen Moelleux-Weine aus edelfaulen Chenin-Trauben

zwar keine spektakulären Denkmäler, aber dafür eine liebliche Hügellandschaft mit einer Fülle von kleinen Kostbarkeiten. Dazu zählen u. a. die alte Brücke in dem blumengeschmückten Dorf INSIDER TIPP *Beaulieu-sur-Layon* und die landestypische Mühle *Moulin Cavier de la Montagne* bei *Thouarcé*.

Der Geschichte des Weinbaus am Layon mit den Spitzenlagen Bonnezeaux und Quarts-de-Chaume (der Name geht darauf zurück, dass die Herren im Mittelalter das beste Viertel des Weinbergs für sich beanspruchten) widmet sich das *Musée de la Vigne et du Vin d'Anjou* in *St-Lambert-du-Lattay (April–11. Nov. Sa/So 14.30–18.30, Juli/Aug. tgl. 11–13, 15–19 Uhr | Eintritt 5,50 Euro | Place des Vignerons | www.musee-vigne-vin-anjou.fr)*.

LE LUDE (127 E3) (*E–F5*)

Seit 250 Jahren bewohnt die Familie de Nicolay das Schloss am Loir-Ufer etwa 60 km nordöstlich, das sowohl Elemente des Mittelalters als auch der Renaissance präsentiert. Die gräfliche Familie öffnet Besuchern Räume wie die sehenswerte Bibliothek mit Gobelins aus dem 17. Jh., die kleine Kapelle, die großen Küchen sowie den Speisesaal und pflegt den ausgedehnten Park und seine Gärten *(April–Sept. Do–Di, Juni–Aug. tgl. 10–12.30, 14–18 Uhr für die Außenanlagen, 14.30–18 Uhr für die Schlossräume | Eintritt 8,50 Euro | www.lelude.com)*.

Anne und Jean-Luc Foulgocq haben 9 km im Südwesten eine INSIDER TIPP *alte Mühle* zum Gästehaus ausgebaut und ein Gebäude aus Strohballen mit natürlichen Materialien errichtet *(3 Zi., 3 Apts. | Moulin de la Diversière | Savigné-sous-le-Lude | Tel. 02 43 48 09 16 | www.moulin-de-la-diversiere.com | €)*.

Eine alte, ausgediente Industrieanlage direkt am Loir-Fluss zum Hotel-Restaurant mit Schwimmbad, Wellness- und Konferenzzentrum ausgebaut haben Sylviane und Vincent Bruneau *(20 Zi. | Domaine de la Courbe | route de Luché | Le Lude | Tel. 02 43 94 88 75 | www.domainedelacourbe.com | €€)*.

MALICORNE (127 D2) (*E4*)

Der Fluss, die Kirche aus dem 11. Jh., das Schloss aus dem 17. Jh., später mit Türmchen und Mansardendach umgebaut, aber vor allem die Fayencetradition seit dem 12. Jh. lohnen einen Abstecher in den ca. 57 km nordöstlich gelegenen Ort. Spezialität von Malicorne sind die *ajourés*, gebrannte Körbchen mit spitzenähnlichem Aufsatz, die heute noch in den *Faïenceries d'Art* produziert werden *(Werksführungen April–Sept. Di–Sa 9, 11, 14, 16.45 Uhr | 5,50 Euro | 18, rue Bernard Palissy | www.faiencerie-malicorne.com)*. In einer Manufaktur des 19. Jhs. ist ein hypermodernes *Fayencemuseum* mit interaktiven Themensälen, kostbarer Steingutsammlung und einem Saal für zeitgenössische Fayence eingerichtet *(April–Sept. tgl. 10–19, Feb.–März, Okt.–Dez. Mi–Mo 10–12.30, 14.30–18.30 Uhr | Eintritt 7 Euro | www.espacefaience.fr)*. Auskunft: *Office du Tourisme | 3, place du Guesclin | Tel. 02 43 94 74 45 | www.ville-malicorne.fr*

SABLÉ-SUR-SARTHE (126 C2) (*D4*)

Das Städtchen 56 km nördlich von Angers besitzt einen hohen Freizeitwert, ist es doch ein wichtiger Hafen für Hausboote an der Sarthe, die auf einer Länge von insgesamt 130 km befahrbar ist. Schiffe vermietet u. a. *Anjou Navigation (quai National | Tel. 02 43 95 14 42 | www.anjou-navigation.com)*.

Rund 3 km östlich von Sablé-sur-Sarthe steht das bereits im Jahr 1010 gegründete Benediktinerkloster *Solesmes*. Während der Französischen Revolution aufgelöst und weitgehend zerstört, wurde es im 19. Jh. hoch über der Sarthe im romanisch-gotischen Stil wieder aufgebaut. Seit 1922 leben wieder Mönche in dem Ort und sind inzwischen zu INSIDER TIPP Spezialisten des gregorianischen Gesangs geworden *(Stundengebete tgl. 10, 13, 17 und 20.30, im Sommer Do 16, im Winter 17.30 Uhr)*. Sehenswert sind die beiden Skulpturengruppen mit Grablegungsmotiven, *Les Saints de Solesmes*, in der Kirche *St-Pierre (tgl. 9.15–18.15 Uhr | www.abbayedesolesmes.fr)*. Ein Kleinod aus dem Mittelalter beherbergt das kleine Dorf *Asnières-sur-Vègre (12 km im Nordosten)* mit dem Gerichtshof aus dem 13. Jh. und der Kirche *St-Hilaire* mit ihren INSIDER TIPP *Wandmalereien* (12.–15. Jh.), die u. a. die Flucht nach Ägypten darstellen. Auskunft: *Office du Tourisme | rue du Château | Tel. 02 43 95 00 60 | www.vallee-de-la-sarthe.com*

SAUMUR

(127 D5) (*E7*) **Sein Anblick bei Nacht wird Ihnen den Atem rauben: Wie aus einem Märchen wirkt das Schloss von Saumur mit seinen vier gewaltigen Türmen hoch über der Stadt und der Loire.**

Saumur (30 000 Ew.), Zentrum der französischen Dressur- und Springreiter, ist ein angenehmer Ort auch für einen längeren Aufenthalt an der Loire. Die aus Tuffstein gebaute Stadt war in der Reformationszeit protestantischer Gegenpol zum katholischen Angers und besaß sogar eine Hochschule. Heute ist Saumur nicht nur wichtiger Produktionsort für Rosenkränze und Medaillen, sondern auch Handelszentrum für Schaumwein, der in den Höhlenkellern der Region als

Pferderücken statt Hörsaalbank drücken: Der Cadre Noir in Saumur ist eine Reituniversität

preiswerte Konkurrenz zu Champagner hergestellt wird.

SEHENSWERTES

CADRE NOIR DE SAUMUR ★

Für Pferdeliebhaber ist Saumurs Reitschule ein Muss. Zwei französische Olympiasieger gehören zu den 45 festangestellten *ecuyers*, den Reitlehrern, die eine schwarze Uniform tragen. Der *Cadre Noir* ist kein Gestüt, sondern eine breit angelegte Reituniversität mit einer Eliteabteilung, auf der die Studenten lernen, worauf es bei Dressur, Springreiten und Military-Wettbewerben ankommt. Das Besichtigungsprogramm erlaubt einen Blick hinter die Kulissen des weltweit einzigartigen Reitzentrums. *April–Okt. Di–Sa 9.30–11, 14–16 Uhr | Eintritt 8 Euro | Besichtigung (2 Std.) mit Vorführungen April–Juni, Sept. Mi 14.30 Uhr, 24 Euro, Galavorstellungen Ende April, Anfang Sept., ab 30 Euro | Tel. 02 41 53 50 50 | www.cadrenoir.fr*

CHÂTEAU DE SAUMUR

Das Schloss, das Louis IX im 13. Jh. auf dem Hügel über der Stadt bauen ließ, ist nach langer Renovierung wieder geöffnet. Von der Schlossterrasse herrlicher Blick auf Stadt und Tal. *Hochsommer tgl. 10–18.30 Uhr, sonst Di–So 10–13, 14–17.30 Uhr | Eintritt Hochsommer 7, sonst 6 Euro*

ESSEN & TRINKEN

BISTROT DE LA PLACE

Einheimische sind Stammgäste im Bistrot de la Place, dessen Küchenteam aus frischen Zutaten feine Menüs zaubert. *16, place St-Pierre | Tel. 02 41 51 13 27 | geschl. So | www.bistrotdelaplace-saumur.com | €*

LE GAMBETTA

Céline und Mickaël Pihours haben mit ihrer kreativen Küche dieses kleine Restaurant mit der Gartenterrasse in den Gourmethimmel gehoben. *12, rue Gambetta | Tel. 02 41 67 66 66 | geschl. So-Abend, Mo, Mi | www.restaurantlegambetta.com | €€–€€€*

EINKAUFEN

Sekt ist die besondere Spezialität in Saumur. Die großen Kellereien öffnen ihre Häuser für Besichtigungen: Die *Caves Bouvet-Ladubay (Juni–Sept. tgl. 9–18, Okt.–Mai tgl. 9–12, 14–18 Uhr | 2 Euro | 1, rue Ackerman | St-Hilaire-St-Florent | www.bouvet-ladubay.fr)* machen aus der Führung durch die Keller mit Skulpturen von Philippe Cormand ein Licht-und-Ton-Spektakel. Originell ist die geführte Tour auf alten Fahrrädern durch die kilometerlangen Galerien *(45 Min. | 4 Euro)*. Auf zeitgenössische Kunst und eine multimediale Besichtigung durch die 7 km im Tuffstein-Keller setzt die 1811 von Jean-Baptiste Ackerman gegründete Sektkellerei, die selbst aus der seltenen Traube Pineau d'Aunis mit ihrem Pfeffergeschmack ein prickelndes Getränk macht. *Feb.–Nov. Mo–Sa 8.30–12.30, 14–18.30, Juni–Aug. tgl. 9.30–18.30 Uhr | 5 Euro | Caves Ackerman | 19, rue Leopold Palustre | St-Hilaire-St-Florent | Tel. 0241530321 | www.ackerman.fr*

FREIZEIT & SPORT

In *Le Thoureil* (20 km im Westen), einem einst von Niederländern bewohnten Dorf am Loire-Ufer, hat Alain Gillot seine traditionellen Holzboote verankert, auf denen der Naturführer verschiedene Ausflüge auf dem Fluss anbietet *(ab 18 Euro | 26, résidence du Parc | Tel. 07 86 18 52 10 | www.revesdeloire.fr)*.

Auf der Sommerterrasse des Restaurants La Route du Sel *(tgl. mittags, Mi–Sa abends | 55, quai Mariniers | Tel. 02 42 45 75 31 | www.authoureil.fr | €€)* In einem 1851 gebauten Tuffsteinhaus lässt es sich nach dem Mahl mit Blick auf die Loire herrlich entspannen.

ÜBERNACHTEN

INSIDER TIPP **AMI CHENIN**

Xavier Amat ist Weinhändler und kennt die Tropfen seiner Gegend. Hoch über der Loire hat er mit seiner Frau France am Stadteingang von Saumur in seinem Haus großzügige Gästezimmer eingerichtet und empfiehlt zum Abendessen (€€) auf Reservierung vor allem Weine, die aus biologisch angebauten Trauben gekeltert sind. *Nov.–Febr. geschl. | 3 Zi. | 37, rue de Beaulieu | Tel. 02 41 38 13 17 | www.amichenin.com* | €€

ANNE D'ANJOU

An der Uferstraße, dennoch ruhig gelegen. Herrschaftliches Haus aus dem 18. Jh. mit schönem Treppenhaus und stilvoll eingerichteten, unterschiedlich großen und teuren Zimmern, manche mit Blick direkt auf das Schloss. *42 Zi. | 32, quai Mayaud | Tel. 02 41 67 30 30 | www.hotel-anneanjou.com* | €€€

INSIDER TIPP **DE LONDRES**

Das fast 200-jährige Haus im Zentrum ist komplett renoviert, hat 15 geschmackvoll eingerichtete Zimmer. Herzlicher Empfang. *48, rue d'Orléans | Tel. 02 41 51 23 98 | www.lelondres.com* | €–€€

ST-PIERRE

Mitten in der Altstadt neben der Kirche sorgfältig renovierte Gasträume. *16 Zi. | 8, rue Haute St-Pierre | Tel. 02 41 50 33 00 | www.saintpierresaumur.com* | €€€

AUSKUNFT

OFFICE DE TOURISME

8bis, quai Carnot | Tel. 02 41 40 20 60 | www.ot-saumur.fr

ZIELE IN DER UMGEBUNG

INSIDER TIPP **CHÂTEAU DE BRÉZÉ**

(127 D5) *(E7)*

Eine der großen Überraschungen im Loire-Tal, etwa 9 km südlich von Saumur. Seit 2000 sind hier die unterirdischen Gänge und Siedlungen mit Ställen, Küchen und Vorratskeller, über Jahrhunderte unzugänglich oder verschüttet, freigelegt und zur Besichtigung geöffnet. Das troglodytische Schloss, vermutlich im 9. Jh. unter dem im 15. Jh. gebauten oberirdischen Schloss in Höhlen angelegt, ist von Europas tiefsten Gräben geschützt und

SPIEL MIT DER KUGEL

Die Kugel ist nicht rund und die Bahn nicht einmal eben. Niemand weiß so recht, woher die *Boule de Fort,* die Variante des provenzalischen Pétanque-Spiels, im Anjou zwischen Angers und Saumur stammt. Auf der gekrümmten, heute meist überdachten Bahn von 25 m Länge und 6 m Breite geht es wie am Mittelmeer darum, das Gerät aus Esche, das von halbflachem Eisen eingefasst ist, so nah wie möglich an den *maître,* eine Minikugel aus Buchsbaumholz, zu rollen. Das Spiel ist seit Mitte des 19. Jhs. wieder populär, die ehemals engen, ausschließlich von Männern beherrschten Zirkel öffnen sich langsam.

gehört seit Generationen den Familien de Brézé und de Colbert. Am Ende der Besichtigung besteht die Möglichkeit zur Weinprobe. *Feb.–Ostern, Okt.–Dez. Di–So 10–18, Ostern–Sept. tgl. 10–18.30 Uhr | Eintritt 11,50 Euro | Führungen auch in deutscher Sprache | www.chateaudebreze.com*

Rote Haar sind selten, rote Federn erst recht: Der Ibis im Bioparc ist ein echter Hingucker

CUNAULT ★ ● (126 C4) *(📖 D6)*
Die Klosterkirche 13 km nordwestlich, als Wallfahrtsort für Tausende von Pilgern ausgerichtet, birgt ein reiches Inneres. 223 in Stein gehauene Kapitelle und Wandmalereien machen sie zu einem Meisterwerk romanischer Baukunst. Die Kirche liegt direkt am großen Loire-Damm, der im 12. Jh. von Plantagenet-König Henri II zwischen Angers und Saumur aufgeworfen wurde *(tgl. 9–18, im Sommer bis 20 Uhr | Eintritt frei)*. Im Sommer ist die Abteikirche Schauplatz für Klassikkonzerte, u. a. von Fanny und François Tonnelier organisiert, die in ihrem alten Herrenhaus *(manoir)* Gästezimmer mit wunderschönem Blick auf die Loire eingerichtet haben *(April–Okt. | 2 Zi. | Beauregard | Tel. 0241679293 | €€)*.

DOUÉ-LA-FONTAINE (127 D5) *(📖 D7)*
Auf den ersten Blick eine banale Kleinstadt (7500 Ew.) 21 km südwestlich von Saumur, die aber mit ihren Höhlen (Troglodyten) etliche Überraschungen bereit hält. Hauptattraktion ist der ★ *Bioparc*, der nicht nur für die eigenen Tiere sorgt, sondern sich auch auf fast allen Kontinenten für den Tierschutz einsetzt. Giraffe, Geier, Nashorn, Pinguin, Löwe, Panda, Flamingo, Tiger: Alle leben im wunderschön angelegten Muschelkalkgelände mit Grotten, Gräben und Wasserbecken *(Feb.–Anf. Nov. tgl. 10–18.30, im Hochsommer 9–19.30 Uhr | Eintritt 21 Euro | Route de Cholet | www.bioparc-zoo.fr)*. Sehenswert sind die alten *Steinbrüche (April–Sept. Di–So 10–12.30, 14–18, Hochsommer tgl. 10–19 Uhr | Eintritt 7*

Euro | Site des Perrières | 7, rue d'Anjou | www.les-perrieres.com), in denen die Multimediaschau *Les Mystères des Faluns* installiert ist. Das ganze Jahr über bleibt die Temperatur im Bauch der Erde stabil bei 12 Grad (Pullover mitnehmen!). Oder der 1989 entdeckte *Sarkophagensteinbruch (Juni–Okt. tgl. 14–19 Uhr | Eintritt 4,90 Euro | 1, rue Croix Mordret | www.troglo-sarcophages.fr)* aus der Merowingerzeit.

A table! Der Speisesaal von Montreuil-Bellay wirkt, als sei die Familie nur kurz Hände waschen

FONTEVRAUD L'ABBAYE ★

(127 D5) *(E7)*

Eine der größten und schönsten Klosteranlagen Europas 20 km südöstlich von Saumur. Vom 11. Jh. bis 1792 von 36 Äbtissinnen geleitet, nach der Revolution bis 1963 Gefängnis und seit 1975 ein aufwendig saniertes Kulturzentrum mit Konzerten, Seminaren und Ausstellungen. Die alte Abtei – mit ihrem ausgeklügelten, nachhaltigen Heiz- und Beleuchtungssystem ein Modell für Umweltschutz und erneuerbare Energien im Loire-Tal – beherbergt ein *Designhotel (54 Zi. | Tel. 02 46 46 10 10 | www.hotel-fontevraud.com | €€€)* ohne Klimaanlage, das aber seinen Gästen zur Begrüßung ein iPad in die Hand gibt, sowie ein Gourmetrestaurant *(Tel. 02 46 46 10 20 | €€€)*, in dem Thibaut Ruggeri tolle Gerichte zaubert. Zum Essen wird wie im 12. Jh. das Wasser aus der eigenen Quelle serviert, das in der Abtei aufbereitet und abgefüllt wird. Natürlich in Glasflaschen.

In der Abteikirche aus dem 13. Jh. ruhen die Plantagenet-Herrscher Henri II, Aliénor von Aquitanien, Richard Löwenherz und Isabelle von Angoulême. Einzigartig sind die achteckige romanische Küche und die Gartenanlagen. *April–Nov. tgl. 9.30–18.30, Winter Di–So 10–17.30 Uhr | Eintritt 11 Euro | www.fontevraud.fr*

Auf dem einstigen Bauernhof der Abtei, 4 km südlich Richtung Candes, richtete

Familie Dauge großzügige Gästezimmer ein *(12 Zi. | Domaine de Mestré | Tel. 02 41 51 75 87 | www.domaine-de-mestre.com | €€)*. Zum Abendessen gibt es Produkte des Hofs. Außerdem stellt die Familie in einer alten Scheune Naturseife und Kosmetikartikel her *(Mo–Sa 9–12, 14–19 Uhr | www.martin-de-candre.com)*.
4 km östlich von Fontevraud vermietet das Ehepaar Rimonteil in einem ruhigen Weiler zwei außergewöhnliche Gästezimmer und zwei Ferienwohnungen mit Billardsaal und Schwimmbad *(Le Closet des Moustiers | Couziers | Tel. 02 47 95 95 09 | www.leclosetdesmoustiers.fr | €€)*.

INSIDER TIPP MONTREUIL-BELLAY
(127 D5) *(E7)*

Seit 200 Jahren ist das Schloss im Familienbesitz, Marie-Guilhem und Jean-François de Valbray kümmern sich mit Leidenschaft um das Erbe der Vorfahren. Die Festungsanlage mit herrlichem Blick auf das Thouet-Tal auf den Grundmauern eines Klosters aus dem frühen 11. Jh., das im 15. Jh. ausgebaut wurde, wird laufend mit viel Liebe zu Details renoviert: Neue Schieferdächer, Nachbildungen der alten Steinskulpturen und von Landschaftsgärtnern im Stil des Mittelalters neu komponierte Anlagen machen das Schloss (18 km südlich) mit seinen grotesk wirkenden Holzschnitzereien, der mittelalterlichen Küche, der Kapelle *Notre-Dame*, der ausgesuchten Möblierung und dem sorgfältig bewirtschafteten Weinberg zu einer Schatztruhe. *April–Nov. Mi–Mo 10–12, 14–18, Juli/Aug. tgl. 10–18.30 Uhr | Eintritt 10 Euro | www.chateau-de-montreuil-bellay.fr*
Gegenüber dem Schloss liegt das sympathische Café-Restaurant INSIDER TIPP *La Barbacane*, in dem vom originellen Salatteller über klassische Gerichte bis hin zum Dessert ordentliche Mahlzeiten zu günstigen Preisen *(Mittagsmenü 13 Euro)* sehr freundlich serviert werden. Kein Wunder, dass selbst die Schlossherren hier Stammgäste sind *(Juni–Sept. Mo–Sa mittags und abends, sonst Mo–Sa mittags sowie Fr- und Sa-Abend | place des Ormeaux | Tel. 02 41 52 40 15 | €)*.

MONTSOREAU (127 D5) *(E7)*

Der französische Schriftsteller Alexandre Dumas verewigte das am Zusammenfluss der Loire und Vienne gelegene Schloss aus dem 15. Jh. in seinem Roman „Die Dame von Montsoreau". Nach der Renovierung 2015 präsentiert Philippe Méaille im Schloss seine Sammlung mit Werken der Ende der 1960er-Jahre gegründeten englischen Konzeptkunstgruppe *Art & Language (April–Mitte Nov. tgl. 10–19 Uhr | Eintritt 9,20 Euro | www.chateau-montsoreau.com)*.
Montsoreau ist außerdem Sitz des 1996 aus der Taufe gehobenen *Parc naturel régional Loire, Anjou, Touraine*. Im Dokumentationszentrum *Maison du Parc (April–Okt. tgl. 9.30–13, 14–18, Juli/Aug. tgl. 9.30–19 Uhr | 15, av. de la Loire | www.parc-loire-anjou-touraine.fr)* werden im Sommer Wechselausstellungen veranstaltet, und Sie erhalten dort detaillierte Wanderkarten.
Zum Übernachten bietet sich *La Marine de Loire (11 Zi. | 8, quai de la Loire | Tel. 02 41 50 18 21 | www.hotel-lamarinedeloire.com | €€€)* an mit wunderschön eingerichteten, großen Zimmern an der Uferstraße, herrlichem Garten, einem Wellnessbereich und überdachtem Schwimmbad. In Montsoreau hat das Bioweingut *Domaine de la Paleine (Le Puy-Notre-Dame | www.domaine-paleine.com)* eine Weinprobierstube *(4, rue Port au Vin | Tel. 06 62 08 14 99)* eingerichtet und luxuriöse Ferienwohnungen *(www.lamaisonhaute-montsoreau.com | €€€)* in einem alten Tuffsteinhaus eröffnet.

ERLEBNISTOUREN

1 DAS LOIRE-TAL PERFEKT IM ÜBERBLICK

START: 1 Orléans
ZIEL: 22 Les Trois Lieux

Strecke:
450 km

7 Tage
reine Fahrzeit
10 Stunden

KOSTEN: Ca. 1400 Euro für 2 Personen (Benzin, Übernachtungen, Eintritte, Essen, Ausflüge)
MITNEHMEN: Gutes Schuhwerk, Pullover

ACHTUNG: In den Sektkellern von 20 **Saumur** steigt die Temperatur selbst im Hochsommer nicht über 13 Grad.
Die traditionelle Loire-Fahrt in 8 **St-Dyé-sur-Loire** sollten Sie vorab reservieren bei der **Maison de la Loire du Loir et Cher** unter *Tel. 02 54 81 68 07*.

Jeder Zipfel dieser Erde hat seine eigene Schönheit. Wenn Sie Lust haben, die einzigartigen Besonderheiten dieser Region zu entdecken, wenn Sie tolle Tipps für lohnende Stopps, atemberaubende Orte, ausgewählte Restaurants oder typische Aktivitäten bekommen wollen, dann sind diese maßgeschneiderten Erlebnistouren genau das Richtige für Sie. Machen Sie sich auf den Weg und folgen Sie den Spuren der MARCO POLO Autoren – ganz bequem und mit der digitalen Routenführung, die Sie sich über den QR-Code auf S. 2/3 oder die URL in der Fußzeile zu jeder Tour downloaden können.

Erleben Sie die vielfältigen Facetten des Loire-Tals von Osten nach Westen mit kleinen Abstechern von der Hauptroute entlang des Flusses. Königliche Schlösser, romanische Kirchen, kulinarische Spezialitäten, romantische Bootsausflüge und fantasievolle Gärten erwarten Sie auf dem Weg.

TAG 1

1 Orléans

30 km

Ein Bauernmädchen aus Lothringen befreite am 8. Mai 1429 **1 Orléans → S. 49** von den Engländern. Dafür steht die große **Statue von Jeanne d'Arc**, der Jungfrau von Orléans, auf der **Place Martroi**, dem Zentrum von Orléans. **Von dort geht es flusswärts zum Quai du Châte-**

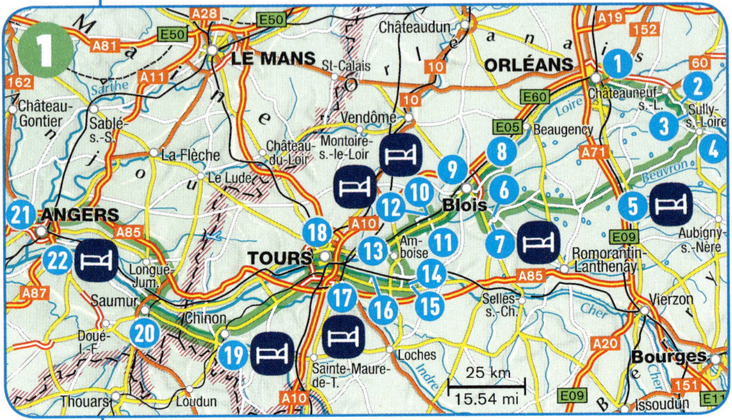

2 Germigny-des-Prés

6 km

3 St-Benoît-sur-Loire

7 km

4 Sully-sur-Loire

34 km

5 Lamotte-Beuvron

TAG 2

52 km

6 Schloss Cheverny

5 km

let am rechten Loire-Ufer. Sie verlassen die Stadt über die Avenue Charles Péguy. Auf der Fahrt flussaufwärts erleben Sie hinter Châteauneuf-sur-Loire in **2 Germigny-des-Prés → S. 53** und kurz darauf in **3 St-Benoît-sur-Loire → S. 53** zwei Meisterwerke romanischer Kirchenarchitektur. Genießen Sie in St-Benoit um die Mittagszeit den Gottesdienst mit gregorianischem Gesang. **Anschließend geht es ein Stück weiter am Fluss entlang bis nach 4 Sully-sur-Loire → S. 53**. Staunen Sie im **Wasserschloss** über das Dachgebälk aus dem 14. Jh. im alten Wohnturm. **Nach der Besichtigung biegen Sie vom Fluss ab** und fahren gemütlich durch die hübsche Landschaft der Sologne mit ihren Teichen und Wäldern. In der Kleinstadt **5 Lamotte-Beuvron → S. 41** wartet eine Köstlichkeit auf Sie: Hier ist den Schwestern Tatin einst der Apfelkuchen kopfüber gestürzt und ging als *tarte Tatin* in die Geschichte der Gastronomie ein. Probieren Sie die Delikatesse im **Hotel-Restaurant Tatin**, wo Sie auch gleich übernachten können.

Von Lamotte steuern Sie morgens über die D 923 durch die Sologne ihr Tagesziel an: 6 Schloss Cheverny → S. 48. Cheverny beherbergt nicht nur die interaktive **Dauerausstellung** zum Comic-Klassiker „Tim und Struppi" von Hergé, sondern ist zudem von schönen **Gärten** und einem herrlichen **Park** mit Wasserkanälen umgeben. Nach einem Snack im **Schlosscafé** machen Sie eine **Tour mit Elektroauto und -boot** *April–Nov. tgl. | Dauer ca. 2,5 Std. | 15,50 Euro* übers Gelände und durch die Kanäle, nehmen die ganze Schönheit der Anlage mit zum Teil mehr als 150

Jahre alten Linden und Mammutbäumen im Vorbeiziehen auf. **Zum Übernachten kehren Sie etwas weiter westlich** standesgemäß ins 7 **Château de Breuil → S. 46** ein.

Bei 8 **St-Dyé-sur-Loire → S. 45** stoßen Sie am nächsten Tag dort auf den Fluss, wo einst der Hafen für die Großbaustelle von Chambord lag. Gehen Sie an Bord eines traditionellen Holzschiffs. Lassen Sie sich bei der 2-stündigen Tour zeigen, wo die Vögel am Flussufer nisten und Biber ihre Dämme bauen. Im Blick bleiben stets 9 **Blois → S. 42** und sein **Schloss**, über Jahrhunderte die Residenz der französischen Könige. Die Stadt ist einen Besuch wert, schon wegen des originellen Fluxus-Museums, der **Fondation du Doute**, mit Kunstwerken von Ben Vautier, Yoko Ono oder Nam June Paik. Die Ruhe, das Gesehene zu verarbeiten, finden Sie abends in den charmanten **INSIDER TIPP** Gästezimmern von 10 **L'Onzaine → S. 46** in Onzain.

Planen Sie den ganzen Tag ein für das 11 **Schloss von Chaumont → S. 48** mit seinem **Gartenfestival** *(Juni–Okt.)*, das Landschaftsarchitekten und Künstler jedes Jahr aufs Neue mit extravaganten Ideen bespielen. Lassen Sie sich verführen von der Gastronomie im Gourmetrestaurant **Le Grand Velum** *(€€€)* und in der Cafeteria **Le Comptoir** *(€)* mit Bioprodukten, wandern Sie durch den **Park** mit zeitgenössischer Kunst, staunen Sie im alten Lustschloss der Prinzessin de Broglie über die kostbare Einrichtung und übernachten Sie noch einmal in 12 **L'Onzaine**. **Am anderen Morgen folgen Sie dem Fluss in die charmante Kleinstadt** 13 **Amboise → S. 56**. Unterhalb des majestätischen Schlosses flanieren Sie durch die Einkaufsstraßen Rue de la Concorde und Rue Nationale. Vergessen Sie nicht die köstlichen *Orangettes* in der **Chocolaterie Bigot**. **Nur einen Katzensprung mit dem Wagen den Nebenfluss Cher hinauf** erfahren Sie in 14 **Chenonceau → S. 60**, wie sich die Gespielinnen der Könige ihre Damenresidenz mit einer Palastbrücke über dem Wasser eingerichtet haben. Schauen Sie sich das Schloss auch vom Wasser aus an: **Gehen Sie in Chisseaux** an Bord des Ausflugsschiffs 15 **Belandre** *(Mai–Okt. tgl. 11–16.15 Uhr | 9,50 Euro | Dauer 50 Min. | www.labelandre.com)*. Übernachten Sie nach einem Abendessen im Landgasthof 16 **La Boulaye → S. 72** im Gästehaus 17 **Le Clos des Augers → S. 72**.

18 **Tours → S. 67** ist die ungekrönte Hauptstadt des Loire-Tals. Ein Bummel über den täglichen Markt im **Carreau**

7 Château de Breuil

TAG 3

28 km

8 St-Dyé-sur-Loire

16 km

9 Blois

21 km

10 L'Onzaine

TAG 4–5

5 km

11 Schloss von Chaumont

5 km

12 L'Onzaine

20 km

13 Amboise

14 km

14 Chenonceau

4 km

15 Belandre

15 km

16 La Boulaye

9 km

17 Le Clos des Augers

TAG 6

19 km

18 Tours

47 km

⑲ Chinon

TAG 7

32 km

⑳ Saumur

70 km

㉑ Angers

9 km

㉒ Les Trois Lieux

des Halles und ein kleines Mittagessen in der **Guinguette de Tours** direkt an der Loire geben Ihnen einen ersten Eindruck vom Alltag in der modernen Stadt. Ein schöner Kontrast dazu ist die **Festung** von ⑲ **Chinon** → S. 61 über dem Nebenfluss Vienne, in der 1429 Jeanne d'Arc den Kronprinzen Charles VII. auf seine Königsrolle einschwor. In Chinon übernachten Sie im **Hôtel Diderot**.

Eine ganz andere Welt entdecken Sie unter der Erde in den Tuffsteinfelsen von ⑳ **Saumur** → S. 84. Machen Sie die vom Unternehmen angebotene geführte 45-minütige Fahrradtour durch die Sektkeller von **Bouvet-Ladoubay** mit, bevor Sie Ihre Beifahrer die prickelnden Tropfen probieren lassen. **Erfreuen Sie sich anschließend an der Fahrt den Fluss entlang nach** ㉑ **Angers** → S. 74 mit seinem **Schloss** aus schwarzem Schiefer und weißem Tuffstein. Lassen Sie sich dort von den Bildern auf dem berühmten **Wandteppichzyklus** des Mittelalters die Apokalypse „erzählen". Zum Abschluss Ihrer Tour mieten Sie sich noch eine Nacht in der zum schönen Hotel-Restaurant umgebauten alten Angelhakenfabrik ㉒ **Les Trois Lieux** → S. 79 am kleinen Hafen von **Les-Ponts-de-Cé** ein – mit einem Traumblick auf die Loire.

2 REISE IN DAS INNERE DER ERDE

START: ① Saumur
ZIEL: ① Saumur

Strecke:
110 km

3 Tage
reine Fahrzeit
2 ½ Stunden

KOSTEN: Ca. 600 Euro für 2 Personen (Übernachtungen, Essen, Benzin, Eintritte)
MITNEHMEN: Gutes Schuhwerk, Pullover

ACHTUNG: In den Tuffsteinfelsen steigt die Temperatur nie über 13 Grad.

Es gibt ein Leben unter der Erde. Vor Jahrhunderten haben die Menschen rund um Saumur Wohnungen, Bauernhöfe, riesige Keller und sogar ein ganzes Schloss tief in Tuffstein und in Muschelkalk gegraben. Erstaunlich, was man in den Felsenhöhlen alles erleben kann.

TAG 1

① Saumur

① **Saumur** → S. 84 ist Ihr Ausgangspunkt. **Fahren Sie auf der D 947 am linken Loire-Ufer flussaufwärts in Richtung**

Die Höhlenbewohner von heute tragen Bart und trinken Milchkaffee

Chinon. Es sind keine 10 km bis zum ersten Höhlendorf ❷ **Turquant** *(www.turquant.fr)*. **Lassen Sie das Auto auf dem Parkplatz am Ortseingang stehen und nehmen Sie hinter der schönen Kirche das Sträßchen unterhalb des Tuffsteinfelsens.** Sie sehen, wie sich Kunsthandwerker mit ihren Ateliers im Felsen eingerichtet haben und gemeinsam im Kunsthandwerkerviertel **Village Métiers d'Art** ihre Arbeiten ausstellen. Nehmen Sie die Stahltreppe hinauf für einen herrlichen Blick über das Flusstal und trinken Sie mittags Ihren Apéritif im originellen Café **Bistroglo** mit schöner Sommerterrasse vor dem Saal im Felsen.

Zu Mittag sollten Feinschmecker unbedingt im INSIDER TIPP **Restaurant L'Helianthe** *(ruelle Antoine Cristal | Tel. 0241512228 | www.restaurant-helianthe.fr | €€)* einkehren, dem mit viel Geschmack eingerichteten Höhlenhaus des Winzers Antoine Cristal. Dort werden Sie verwöhnt mit Gerichten aus alten Gemüsesorten und Desserts wie die *pomme tapée* mit Gewürzbrot. **Von Turquant führt Sie der Weg anschließend über Montsoreau nach** ❸ **Candes-St-Martin**, wo der Legende nach der hl. Martin von Tours 397 gestorben ist. Den besten Blick auf das wunderschöne Dorf mit der imposanten Stiftskirche aus dem 12./13. Jh. und dem Schloss Montsoreau bietet vom Wasser aus die **Amarante** *(Mitte Juni und Mitte Sept. tgl., z. B. 1,5 Std. | 16 Euro | Anlegestelle unterhalb der Kirche | Tel.*

9 km

❷ Turquant

6 km

❸ Candes-St-Martin

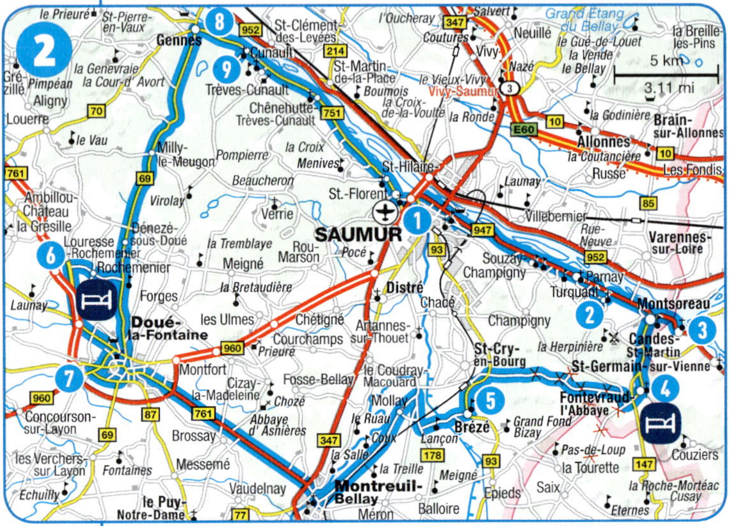

6 km

4 Abtei von Fontevraud

TAG 2

11 km

5 Château de Brézé

29 km

6 Louresse-Rochemenier

02 47 95 80 85 | www.bateauamarante.com), ein nachgebautes Loire-Schiff aus Holz mit flachem Boden. **Von Candes aus geht es zurück ins Anjou, die D 947 führt Sie zur 4 Abtei von Fontevraud → S. 88**. Übernachten Sie im ehemaligen Gefängnistrakt, den Schriftsteller Jean Genet als Häftling erlebt hat. Das **Designhotel** setzt mit einem iPad statt Zimmerschlüssel auf Hightech, in der E-Bar sind die Tische Touchscreens mit allen Informationen über die Abtei. Genießen Sie das Abendessen im angeschlossenen **Gourmetrestaurant** und anschließend den **INSIDER TIPP** nächtlichen Spaziergang durch das Kloster mit seinen Gärten und der Abteikirche.

Schauen Sie sich am Morgen in aller Ruhe die Klosteranlage mit ihren Ausstellungen und Sehenswürdigkeiten an. **Zurück in den Bauch der Erde geht es über die D 162 ins 5 Château de Brézé → S. 86**, eins der erstaunlichsten Schlösser der Region, das im 17. Jh. mehr als 500 Soldaten in unterirdischen Anlagen beherbergte. Es ist zwar eng im Felsen, aber Sie werden staunen, wie sich die Menschen unter der Erde organisiert haben – mit Ställen, Küchen, Gängen und Vorratskellern. **Über die D 178, die D 360, die D 761 und die D 159 fahren Sie anschließend via Montreuil-Bellay und Doué-la-Fontaine nach 6 Louresse-Rochemenier**. Hier wurde 1967 Pionierarbeit geleistet und ein **Höhlendorf** *(April–Okt. tgl. 9.30–19, sonst Sa/So 14–18 Uhr | 5,40 Euro | www.troglodyte.fr)* mit Bauernhöfen, Kapelle, Wohnungen, Hühnerhof, Ofen und Versammlungsraum restauriert. **Keine 100 m vom Dorf entfernt** serviert das Restaurant **Les Caves de la Genevraie** *(22 Euro | rue du musée 13 | Tel. 02 41 59 34 22 | www.caves-genevraie.fr)* eine komplette Teigtaschen-Mahlzeit mit gefüllten *fouaces*. Vor dem Dessert ist allerdings noch ein Spaziergang zum unterirdischen Ofen, in dem die *fouaces* gebacken werden, Pflicht. **Zum Übernachten geht es in den nächsten Tuffsteinfelsen** des **Hotel Rocaminori** *(12 Zi. | rue du musée 13 | Tel. 02 41 50 03 12 | www.rocaminori-hotel.fr | €€€)*.

Am nächsten Morgen fahren Sie die 8 km zurück nach Doué-la-Fontaine und verbringen den Tag im **7 Bioparc → S. 87**, dem wunderschönen Zoo von Doué-la-Fontaine. Im ehemaligen Steinbruch fühlen sich Giraffen oder Flamingos ebenso wohl wie die Affen in den großzügigen Tuffstein-Gehegen. Auf dem Gelände finden Sie Restaurants und Cafés für Ihre Verpflegung. **Über die D 69 fahren Sie nach Gennes und von dort auf der D 751, dem** **8 Loire-Damm (Grande Levée d'Anjou)**, der immer wieder herrliche Blicke auf den großen Strom bietet, über die **9 Pilgerkirche von Cunault → S. 87** wieder zurück nach **1 Saumur**, wo Sie nach einem Spaziergang an der Loire entlang das Abendessen mit regionalen Spezialitäten im Restaurant **Le Pot de Lapin** *(So/Mo geschl. | rue Rabelais 37 | Tel. 02 42 67 12 86 | €€)* genießen.

TAG 3

10 km

7 Bioparc

20 km

8 Loire-Damm

3 km

9 Pilgerkirche von Cunault

14 km

1 Saumur

3 MIT RAD UND ESEL AUF SCHLÖSSERTOUR

START: 1 Bracieux
ZIEL: 1 Bracieux

Strecke:
45 km

2 Tage
reine Fahrzeit
3 Stunden

KOSTEN: 300 Euro für 2 Personen (Übernachtung, Eintritte, Eselstour und Essen)
MITNEHMEN: Badesachen, Picknick, Wasser

ACHTUNG: Radvermietung in 1 **Bracieux**: Jardi-Vert *(20 rue de la rive du bois)*

Mit dem Rad zu kleinen und großen Schlössern, mit dem Esel durch die königlichen Wälder: Die Zeiten haben sich seit dem Mittelalter verändert. Dafür feiern Naturseen im Loire-Tal eine Renaissance.

TAG 1

1 Bracieux

5 km

2 Château de Villesavin

2 km

3 La Boutinière

4 km

4 Hôtel de la Bonnheure

TAG 2

8 km

5 Château de Chambord

Ausgangspunkt ist 1 **Bracieux → S. 46** mit seiner **Markthalle** aus dem 16. Jh. und den Geschäften auf dem zentralen Platz, wo Sie alles für ein Picknick einkaufen. Widerstehen Sie keinesfalls der Versuchung, die Bioschokolade von **Max Vauché** im Ort in den Vesperkorb zu legen. **Auf extra angelegten Radwegen (Sie wählen Tour 5 ab Schwimmbad) geht es durch Wiesen und Wäldchen zum 2 Château de Villesavin** *(März–Okt. tgl. 10–12, 14–19, im Hochsommer 10–19 Uhr | 9 Euro | www.chateau-de-villesavin.fr)* im Renaissancestil mit wunderschönen Proportionen. Kaum zu glauben, dass es einst als Baubaracke für Schloss Chambord diente. Seine Besitzer, das Grafenpaar de Sparre, haben ein **Hochzeitsmuseum** eingerichtet, zeigen Ihnen das selbst bewohnte Schloss mit dem großen Taubenturm im **Park** und haben für Kinder einen **Minibauernhof** mit Ziegen und Hühnern eingezäunt. Im Park können Sie ihr Picknick genießen.

Von dem Herrensitz sind es nur 2 km in nordwestliche Richtung zum Hof 3 La Boutinière *(Tour-en-Sologne | Tel. 02 54 79 27 30 | www.le-monde-dossyane.com)*. Sabrina Clamens hat hier eine Eselherde, die sie Touristen als Begleiter und Gepäckträger bei einer **Eseltour** *(ab 30 Euro für eine 2-Std.-Runde durch die Wälder und Felder der Nachbarschaft)* vermietet. Nach einer kurzen Einführung sehen Sie die Landschaft an der Seite der gutmütigen Tiere mit ganz anderen Augen, entdecken saftige Kräuter in Wiesen, vielleicht sogar ein Reh oder einen Hirsch auf den Lichtungen, wenn der Esel kurz stoppt und seine Ohren aufstellt. Am Abend fahren Sie zurück nach Bracieux ins **4 Hôtel de la Bonnheure → S. 46**.

Topfeben und gut gesichert führen Radwege Sie am nächsten Morgen die knapp 8 km von Bracieux zum 5 Château de Chambord → S. 46. Am Pavillon de Bracieux führt der Weg zuvor durch die insgesamt 32 km lange Mauer, die heute das Schlossgelände in Staatsbesitz umschließt und von der Außenwelt abschirmt. Wenn nach der ebenen Strecke durch gepflegte Wälder plötzlich das Renaissancegebäude mit seinen 365 Kaminen und Türmen auftaucht, bleibt Ihnen schier die Luft weg. Lassen Sie sich bei einer **Kaleschentour** *(April–Nov. | 11 Euro)* eine Dreiviertelstunde lang über das Gelände kutschieren, radeln Sie im Wald zu den **Hochsitzen**, suchen Sie sich Ihren Picknickplatz am **Kanal des Cosson**, der direkt am Schloss vorbeiführt.

Verlassen Sie anschließend das Anwesen **im Westen über La-Chaussée-le-Comte und radeln Sie auf der ausgeschilderten Strecke „La Loire à Vélo" über Huisseau-sur-Cosson bis zu dem großen Knotenpunkt vor Vineuil. Dort biegen Sie nach links ab, überqueren vorsichtig die D 33,** die einzig gefährliche Kreuzung der ganzen Strecke, und **fahren in Richtung Südosten zum** **6 Naturbadesee** → S. 107 von Mont-près-Chambord, der im Sommer für angenehme Erfrischung sorgt, bevor Sie die 7 km zurück ins Quartier nach **1 Bracieux** zurücklegen.

20 km

6 Naturbadesee

7 km

1 Bracieux

Tour du Château: Erst auf dem Rad erschließt sich, wie groß das Gelände von Chambord ist

4 DURCHS SANCERROIS PER RAD UND KANU

START: 1 St-Satur
ZIEL: 1 St-Satur

Strecke:
65 km, davon 10 im Kanu

1 Tag
reine Fahrzeit
6 Stunden

KOSTEN: 180 Euro für 2 Personen (Unterkunft, Kanu, Rad, Essen)
MITNEHMEN: Wasser

ACHTUNG: Organisierter Radtransport von 5 Pouilly-sur-Loire zurück nach 1 St-Satur!

Mit Pedalkraft lässt sich im Tal der Loire eine ganze Menge unternehmen. Zwischen Cosne-Cours-sur-Loire und Pouilly-sur-Loire radeln Sie auf Eisenbahngleisen und auf Inseln im landschaftlich schönsten Abschnitt der Loire. Und damit Sie auch die Wasserseite erleben, erpaddeln Sie sich zum guten Schluss ein Stück des großen Stroms.

Weinberge in Sancerre: Das Ende der Tour krönt ein Glas des gleichnamigen Weins

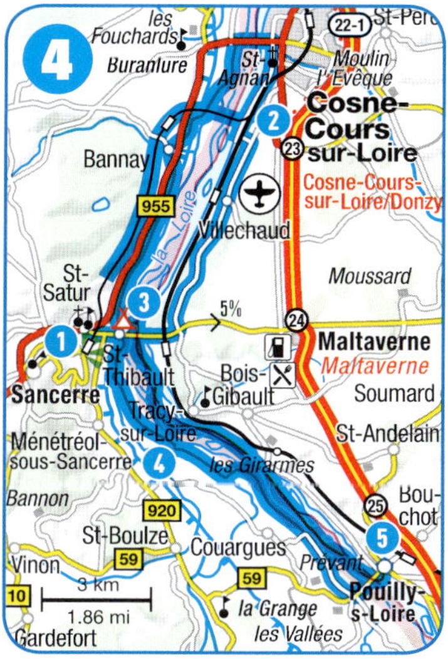

Ihr Startpunkt liegt in **1 St-Satur**, wo Karine und Yvan Thibaudat ihr Freizeitzentrum **Loire Nature Découverte** *(Quai de Loire | Tel. 02 48 78 00 34 | www.loirenaturedecouverte.com)* eingerichtet haben und auch Räder *(18 Euro/Tag)* vermieten. Reservieren Sie schon am Morgen das Kanu für den Nachmittag. **Fahren Sie von St-Satur auf dem extra angelegten Radweg flussabwärts am Kanal entlang bis Cosne-Cours-sur-Loire und von dort am rechten Loire-Ufer nach Port Aubry.** Dort liegt der **2 Cyclorail-Bahnhof** *(tgl. | 4 Pers. | 27 Euro | 13 km hin und zurück in 2 Std. | www.cyclorail.com)*. Mit Pedalkraft befahren Sie während einer **Draisinentour** die Schienen auf einer ehemaligen Eisenbahnstrecke – über eine 826 m lange Brücke über den Fluss, eine Kanalüberfahrt und ein Viadukt mit herrlichen Ausblicken auf die Weinberge von Sancerre.

Nach diesem schönen Auftakt radeln Sie mit dem Fahrrad gemütlich auf der Route de Villechaud flussaufwärts nach La Roche und kehren über die Brücke nach St-Satur zurück, wo Sie im einfachen Restaurant **3 Le Ligérien** *(chemin des Ronduits 5 | Tel. 02 48 54 38 56 | €)* zu Mittag essen. Nach dem abschließenden Kaffee endet die wohlverdiente Ruhepause und es geht weiter mit dem Fahrrad. Auf einem gesichertem Weg **am linken Flussufer erreichen Sie nach rund 4 km das Schutzgebiet der 4 Iles de la Gargaude**, in deren ehemaligen Sand- und Kiesgruben viele Vogelarten ihre Nistplätze finden. Genießen Sie in aller Ruhe das Naturschauspiel am Loire-Ufer, halten Sie nach Vögeln Ausschau und entdecken Sie die Spuren der Biber, die hier wieder ihre Dämme bauen. **Ganz gemütlich fahren Sie dann am selben Ufer über die D 59 und die Brücke nach 5 Pouilly-sur-Loire**, das am anderen Ufer schon zur Region Burgund gehört. Dort steigen Sie in Ihr vorbestelltes Kanu von **Loire Nature Découverte** *(½ Tag 16 Euro)* und **paddeln die gut 10 km zurück nach St-Satur.** Legen Sie unterwegs Pausen ein, um die Vögel auf den Inseln zu beobachten. Ihre Räder werden vom Vermieter zurück nach **1 St-Satur** gebracht, wo Sie zum Abschluss der Tour in der **Auberge de St-Thibault** → S. 36 ein Gläschen des heimischen Sancerre zum Ziegenkäse genießen.

1 St-Satur
19 km
2 Cyclorail-Bahnhof
21 km
3 Le Ligérien
4 km
4 Iles de la Gargaude
9 km
5 Pouilly-sur-Loire
12 km
1 St-Satur

SPORT & WELLNESS

Schon die Könige, Herzöge und Fürsten vergangener Zeiten konnten sich im Loire-Tal ganz ihren Hobbys hingeben – damals vornehmlich dem Reiten und dem Jagen. Bei ihren bürgerlichen Nachkommen von heute geht es selbstverständlich etwas ruhiger und friedlicher, aber ausgesprochen vielfältig zu. So soll das Loire-Tal zum Paradies für Fahrradfahrer mit sicheren Wegen werden. Alternativen, das Tal aktiv kennenzulernen, sind Touren mit Kanu oder Kajak sowie zu Fuß. Und für Entspannung wird in vielen Wellnesszentren gesorgt.

GOLF

Golfen ist längst nicht mehr nur ein Hobby für Begüterte. Im Loire-Tal finden Reisende ein großes Angebot wie den *Golf de Limère* in Ardon *(www.golforleanslimere.com/golf)* im Süden von Orléans oder den 27-Loch-Parcours in *Sully-sur-Loire (www.golfdesully.com)*. Selbst für Anfänger geeignet ist der Golfplatz von *St-Thibault* bei Sancerre *(www.golf-sancerre.com)* an einem Seitenarm der Loire, der auf moderate Preise setzt. Anfänger und Besucher sind ebenfalls willkommen in der Anlage von *Verneuil* bei Loches *(www.golf-lochesverneuil.fr)*. Ein Klassiker ist dagegen der Parcours in den ehemaligen Jagdgründen von *Cheverny (www.golf-cheverny.com)*, der für einen Tag 56 Euro kostet. Schön am *Château de la Perrière* liegt der Platz in Avrillé im Anjou *(avrille.bluegreen.com)*.

Ein Königreich für Aktivurlauber: Zu Pferd, im Kajak, auf dem Rad oder zu Fuß – nach jeder Biegung eröffnen sich neue Perspektiven

KANU & KAJAK

Auch für Kanu- und Kajakfahrer ist der Fluss wegen seiner abwechslungsreichen Landschaft interessant. Auf der Strecke bei Orléans zwischen den Orten *Meung-sur-Loire, Beaugency* und *Chécy* können Sie Biber und Kormorane entdecken. Besonders eindrucksvoll ist die INSIDER TIPP Ganztagstour von *L'Ile-Bouchard* (beim Zusammenfluss von Vienne und Creuse) über *Chinon* bis *Montsoreau*, wo die Vienne dann in die Loire mündet. Von St-Thibault bei Sancerre *(www.loirenaturedecouverte.com)* über Vineuil *(www.loirekayak.com)* bis Les-Ponts-de-Cé bei Angers *(www.canoe-kayak-lespontsdece.fr)* gibt es entlang der Loire aber auch an den Nebenflüssen viele Möglichkeiten, das Wasser mit dem Paddel zu erkunden. Beliebt sind Abendfahrten und Mehrtagesfahrten mit Übernachtung in Biwaks.

Informationen gibt es beim *Comité Régional du Centre de Canoë-Kajak (Maison des Sports | Olivet | Tel. 02 38 49 88 80 |*

www.canoe-regioncentre.org) sowie über die regionalen Tourismusvereine.

RADFAHREN

Die Täler der Loire und ihrer Seitenflüsse sind wie geschaffen für Zweiräder. Die Steigungen halten sich in Grenzen, der Ausblick auf den großen Strom und die Schlösser sorgt immer wieder für überraschende und neue Perspektiven. Seitdem die Unesco das Tal zum Welterbe erklärt hat, wurde der Ausbau des Radwegenetzes mit Volldampf vorangetrieben. 2012 wurde das ehrgeizige, 50 Mio. Euro teure Projekt *La Loire à Vélo* mit vielen schönen Strecken abgeschlossen. Der insgesamt rund 800 km lange Radweg von *Sancerre (S. 36)* bis zum Atlantik ist in den Europa-Radweg der Flüsse von Budapest nach Nantes integriert. Der 21 km lange Parcours zwischen Montjean-sur-Loire und Savennières mit seinen Wegen über die Loire-Inseln vor Chalonnes und Béhuard im Anjou ist ein besonders schöner Abschnitt. Ebenfalls zu empfehlen ist die 120 km lange Strecke zwischen Tours und Angers.

Mittlerweile haben sich auch knapp 500 Hotels, Campingplätze und Gästezimmervermieter verpflichtet, die Radler mit allem Notwendigen wie Streckenkarten und Gepäcknachlieferung zu versorgen. Die besten Informationen für Radfahrer gibt es im Internet unter den Adressen *www.loireavelo.fr,* unter *www.chateauxavelo.com,* unter *www.locationdevelos.com, www.anjou-velo.com* und bei den regionalen Fremdenverkehrsämtern in Nantes und Orléans.

Ein sehr schöner Radwanderweg auf einer aufgegebenen Eisenbahnstrecke ist die knapp 40 km lange INSIDER TIPP *Voie Verte* von Le Lude über La Flèche bis nach Baugé, die vom großen Schloss über den kleinen Loir-Fluss, den Zoo bis zu den merkwürdig gedrehten Kirchtürmen jede Menge

Das Loire-Tal ist traditionell ein erstklassiges Pflaster für Reiter

Sehenswürdigkeiten bietet *(www.tourisme-bauge.com)*.

Insgesamt zehn Touren speziell für Mountainbiker sind zwischen Fluss und Weinbergen an den Ufern von Layon und Aubance ausgeschildert *(Comité d'expansion du Pays | 49380 Thouarcé | Tel. 02 41 54 13 27 | www.layon.org)*. Sie führen zu kleinen architektonischen Kostbarkeiten wie Kapellen, Mühlen und alten Brücken.

Für Radfahrer ein Paradies mit wenig befahrenen Straßen ist der regionale *Naturpark Brenne* mit seiner flachen Teichelandschaft. Im *Maison du Parc (www.parc-naturel-brenne.fr)* in Rosnay-Le Bouchet gibt es gutes Kartenmaterial für Ausflüge auf dem Zweirad, wie die 27 km lange Tour zum *Étang de la Gabrière* über Lingé zum *Naturschutzgebiet Chérine (www.reserve-cherine.fr)* mit Vogelbeobachtungsstationen und Einkehrmöglichkeiten.

REITEN

Das Loire-Tal ist stolz auf seine großen Reitschulen wie den *Cadre Noir* in Saumur oder die Gestüte in Angers und Blois. Tages- oder Wochentouren mit Übernachtung gehören zum Angebot der regionalen Vereine. Informationen bei der *Association Régionale de Tourisme Equestre Centre-Val de Loire | Maison des Sports | 32, rue Alain Gerbault | 41000 Blois | Tel. 02 54 42 95 60* oder für den Westen und Norden des Loire-Tals bei der *Association Régionale de Tourisme Equestre des Pays de la Loire | 3, rue Bossuet | 44000 Nantes | Tel. 02 40 48 12 27.*

WANDERN

An Wanderwegen durch das Loire-Tal mangelt es nicht. Die *Fédération Française de la Randonnée Pédestre (FFRP | 14, rue Riquet | 75019 Paris | Tel. 01 44 89 93 93 | www.ffrandonnee.fr)* hat für praktisch jedes Minigebiet im Loire-Tal Wanderführer mit ausführlichen Informationen herausgegeben, z. B. „Anjou à pied" mit 49 Tourenvorschlägen. Sehr gute Tipps auch für kürzere Strecken wie beispielsweise eine **INSIDER TIPP** 4 km lange Tour unter dem Motto „Un Tendre Cœur de Pierre" durch das Tuffsteingebiet im Dorf *Turquant* abseits der großen Wanderwege gibt der *Parc Naturel Régional Loire Anjou Touraine (15, av. de la Loire | 49730 Montsoreau | Tel. 02 41 38 38 88 | www.parc-loire-anjou-touraine.fr)* heraus.

Der regionale *Naturpark Brenne* gibt über seine Wanderwege mit Vogelbeobachtungsstationen schöne Einblicke in die Welt der Teiche im Süden der Touraine. Von der *Maison du Parc* in Rosnay-Le Bouchet sind es 6,5 km zum Weiler Le Blizon, von dem aus ein 11 km langer Weg zu Sumpfschildkröten-Kolonien ausgeschildert ist. Wenn Sie Glück haben, sehen Sie außerdem, neben Hunderten von Reihern und Enten, Rehe und Wildschweine.

WELLNESS

Mit einem Thermalbad kann das Loire-Tal nicht aufwarten, aber Wellnesseinrichtungen gibt es überall am großen Strom. Ein Zentrum ist Orléans mit *Les Balnéades* *(s. S. 51)* im Grünen am Tor zur Sologne. Vielerorts hat man ehemalige Industrieanlagen wie eine Schlachterei in Loches *(s. S. 65)*, eine Papierfabrik in Le Lude *(s. S. 83)* und eine Angelhakenfabrik in Les-Ponts-de-Cé *(s. S. 79)* zu Wellnesshotels umgebaut. Besonderen Charme hat das Schwimmen und Entspannen in den Tuffsteinfelsen von Turquant, die Hotels vor Ort anbieten.

MIT KINDERN UNTERWEGS

Immer nur Schlösser anzuschauen ist für Kinder wenig interessant. Deshalb organisieren über 40 Paläste, Parks, Zoos und Museen spezielle Kinderprogramme. Auf Familien zugeschnitten sind Besichtigungen von vielen Orten an der *Route Jacques Cœur* zwischen Bourges und Gien. Auch generell ist man in Frankreich auf Touristen mit Kindern eingestellt. So bieten viele Restaurants spezielle Menüs und Hochstühle an.

CHER & SOLOGNE

MUSÉE DE LA SORCELLERIE

(131 D3) (*🕮 M5*)

Das Hexerei-Museum ist nicht nur gruselig, sondern erzählt auch lustige Anekdoten rund um Hexen und Zauberer und liefert z. B. Rezepte zur Herstellung magischer Tränke. *Ostern–Okt. tgl. 10–18, Hochsommer bis 19 Uhr | Eintritt 8,50, Kinder 5,80 Euro | La Jonchère Concressault | Blancafort | www.musee-sorcellerie.fr*

ZOOPARC DE BEAUVAL ★ ●

(128 C5) (*🕮 J7*)

Das Riesenpanda-Pärchen Huan Huan und Yuan Zi ist für die Familie Delord die Krönung der jahrzehntelangen Arbeit mit Tieren. Mit dem Neuzugang aus China festigt der Zooparc de Beauval seinen Platz unter den schönsten Tierparks der Welt. Nirgendwo anders in Frankreich gibt es mehr Tiergeburten als in der Anlage, in der weitgehend auf Chemie verzichtet wird. Atemberaubende Vogelschau „Les Maîtres de l'Air", neues Bassin für Fluss-

Auf verzauberten Inseln und in magischen Häusern: Familien mit Kindern bietet das Loire-Tal viel mehr als nur prächtige Schlösser

pferde und tgl. Sondervorführungen im Gelände. Der Zoo hat eigene Hotels und Gästehäuser *(240 Zi. | Tel. 02 54 75 60 00 | €€–€€€)*. *Tgl. 9 Uhr–18, im Winter 9–16 Uhr | Eintritt 29, 3- bis 10-jährige Kinder 23 Euro | St-Aignan | www.zoobeauval.com*

BLOIS & ORLÉANS

INSIDER TIPP BAIGNADE NATURELLE (130 B1) (*J5–6*)
Der nach ökologischen Prinzipien angelegte große Naturbadesee kommt ohne Chlor oder beheiztes Wasser aus. Ideal für empfindliche Kinder! *Mitte Juni–Mitte Sept. 11–19, 14. Juli–15. Aug. bis 21 Uhr | Eintritt 5,50, Kinder 3,30 Euro | Mont-près-Chambord | www.baignadenaturelle-grandchambord.fr*

MAISON DE LA MAGIE (128 C3) (*J5*)
Haus der Zauberei, in dem Kinder wie Erwachsene auf ihre Kosten kommen. *April–Sept. Di–So 10–12, 14–18, Juli/Aug. tgl. 10–18.30 Uhr | Eintritt 9, Kinder 5 Euro | Place du Château | Blois | www.maisondelamagie.fr*

PARC DE LA SOURCE (130 B1) (*K4*)
Herrlicher Blumen- und Freizeitpark an der sprudelnden Quelle des Loiret mit Spielplätzen, Minigolf und Lehrpfaden. *April–11. Nov. tgl. 9–18, sonst tgl. 14–17 Uhr | Eintritt 6, Kinder 4 Euro | 3 km im Süden von Orléans | www.parcfloraldelasource.com*

TOURAINE

AQUARIUM DE TOURAINE
(128 A4) (*H6*)
Wirbt damit, das größte Süßwasser-Aquarium Europas zu sein. Mit über 50 Wasserbecken und einem Haitunnel. *Winter tgl. 10.30–17, sonst 10–18, Juli/Aug. bis 19 Uhr | Eintritt 14, Kinder 10,50 Euro | Lussault-sur-Loire | www.decouvrez-levaldeloire.com*

NATUREO (128 B5) (*H7*)
Das Freizeitbad in Loches ist mit seinen Rutschbahnen, Wellnesszentrum und vor allem seinem Naturschwimmbecken ohne Chlor auf Familien eingestellt. *In der Ferienzeit tgl. 11–19 Uhr | Eintritt 5,20, Kinder bis 15 Jahre 4 Euro | 1, allée des Lys | www.parc-natureo.fr*

PAGODE DE CHANTELOUP
(128 B4) (*H6*)
Wunderschöner Park um den 44 m hohen Pagodenturm. Interessant sind die originellen Holzspielzeuge, die Besitzer Thierry André z. T. selbst konstruiert hat. *Mai–Sept. tgl. 10–18.30, Juli/Aug. 9.30–19.30, Okt./Nov. Sa/So 10–17, April Mo–Fr 10–12, 14–18, Sa/So 10–18 Uhr | Eintritt 9,70, Kinder 7,70 Euro | Route de Bléré Amboise | www.pagode-chanteloup.com*

LES PRAIRIES DU ROY
(128 B5) (*H7*)
In der Parkanlage zwischen der königlichen Altstadt von Loches und dem Kloster Beaulieu-les-Loches ist ein Pfad ausgeschildert, der auf den ökologischen Reichtum des Geländes aufmerksam macht. Ideal für ein Picknick mit der Familie. *Freier Zugang | im Sommer Führungen (2 Std., 3 Euro, gratis für Kinder unter 12 Jahren) | www.loches-tourainecotesud.com*

ANJOU

LAC DE MAINE (126 C4) (*D6*)
Mit diesem großen künstlichen See im 2 km^2 großen Park an der Maine hat Angers ein Freizeitzentrum, das kaum noch Wünsche offen lässt. Surfen, Kanufahren, Tennis, Angeln, Volley- und Fußballfelder, überwachter Badestrand und Kinderspielplätze – und alles ist per Auto oder Bus in nur 5 Minuten vom Stadtzentrum aus zu erreichen.

MUSÉE DU CHAMPIGNON
(127 D5) (*E7*)
Entdeckungsreise durch die Welt der Pilze in den Höhlen am Loire-Ufer bei Saumur. Unbedingt warme Kleidung bereithalten. Kindgerechte Aufarbeitung des Themas im Rahmen des Ratespiels „Sur la Piste de l'Enfant Roy". *Feb.–Mitte Nov. tgl. 10–19 Uhr | Eintritt 8,40 bzw. 6 Euro, Kombiticket mit dem benachbarten Museum Pierre et Lumières mit Nachbauten von Städten und historischen Gebäuden im Tuffsteinfelsen 14, Kinder 10 Euro | Route de Gennes | St-Hilaire-St-Florent | www.musee-du-champignon.com*

INSIDER TIPP **MUSÉE JOSEPH DENAIS**
(127 D4) (*E6*)
Es gibt fast nichts, was es nicht gibt in diesem herrlichen Provinzmuseum. Der Journalist Joseph Denais hat seiner Heimatstadt seine kompletten Sammlungen vermacht, die vom kleinen Flakon mit Honig von der Insel St. Helena aus dem Grab von Napoleon über Porzellan

aus der Manufaktur von Sèvres oder italienischer Malerei aus dem 19. Jh. bis hin zu einer Bronzearbeit von Camille Claudel tausend Überraschungen bieten. Hier ein Stück Trockenbrot aus dem Ersten Weltkrieg, dort eine Pistole aus der Türkei, hier ein Sarkophag aus dem alten Ägypten, dort ein ausgestopfter Maulwurf: Kinder haben keine Hemmungen, die Schubladen aufzuziehen, die nach dem kompletten Umbau des ehemaligen Bankgebäudes weitere Kostbarkeiten bergen. Dazu organisiert das Museum Ausstellungen mit zeitgenössischer Kunst. *Nov–März geschl., Mitte Juni–Mitte Sept. Di–So 11–13, 14.30–18, sonst Sa, So 14.30–18 Uhr | Eintritt 5 Euro, für Kinder und Jugendliche bis 18 Jahren gratis | Place Notre-Dame | Beaufort-en-Vallée | www.damm49.fr*

TERRA BOTANICA ★ (126 C4) (*🕮 D6*)
Die Region Anjou setzt alles auf Grün: Hier werden die meisten Äpfel, Gurken, Heil- und Topfpflanzen oder Radieschen in Frankreich produziert, hier sitzen die Unternehmen, die mit Biotechnologie arbeiten. Der rund 11 ha große Park *Terra Botanica* ist seit dem Frühjahr 2010 das Schaufenster für die Grün-Offensive der Region mit seinen Themengärten, Hightech-Präsentationen, interaktiven Spielflächen, 3D-Spektakeln oder einfach einer Rundfahrt in einer Nussschale hoch über den Baumwipfeln. *April–Ende Aug. tgl. 10–19, Sept.–Anf. Nov. Fr–So 9–18 Uhr | Eintritt 19, Kinder 13 Euro | Route de Cantenay-Epinard | 4 km nördlich von Angers | www.terrabotanica.fr*

ZOO DE LA FLÈCHE (127 D3) (*🕮 E5*)
Auf 14 ha können Kinder mehr als tausend Tiere live erleben: Falken, Papageien, Polarbären, weiße Wölfe und sogar Pandabären – eine echte Abwechslung zum Schlössergucken. *Sommer tgl. 9.30–19, Juli/Aug. bis 19, Winter tgl. 10–12, 13.30–17.30 Uhr | Eintritt 21, Kinder 17 Euro | 5 km südöstl. von La Flèche | www.zoo-la-fleche.com*

Oh, wie niedlich! Kleine Leute finden tierische Abschwechslung im Zoo von La Flèche

EVENTS, FESTE & MEHR

Das hätte den Königen und Fürsten des Mittelalters ganz sicher gut gefallen: Ihre Nachfahren verwandeln ihre Schlösser mit Licht und Klang *(Son et Lumière)* in wahre Traumwelten. Aber außer den Feiern in den edlen Palästen hat sich auch das einfache Volk seine Vergnügungen geschaffen: mit Weinfesten, aber auch Musikfestivals, bei denen Melodien aus der ganzen Welt im Loire-Tal erklingen.

FESTE & VERANSTALTUNGEN

APRIL

Der ★ ***Printemps de Bourges*** ist Frankreichs größtes Festival für das Chanson, aber auch für zeitgenössische Musik aus aller Welt. *Jedes Jahr von Mitte–Ende April | www.printemps-bourges.com*

7./8. MAI

Jeanne-d'Arc-Tag in Orléans. Am 8. Mai 1429 befreite die hl. Jungfrau Orléans von den Engländern; das wird noch heute gefeiert. Historischer Umzug, mittelalterlicher Markt, Konzerte, Feuerwerk und Beleuchtung der Kathedralentürme

MAI/JUNI

Das ***Festival International de Musique de Sully et du Loiret*** nutzt auch Aufführungsorte wie das Schloss von Sully oder die Abtei von Beaugency. *www.festival-sully.com*

JUNI

Überall in den Straßen und auf den Plätzen von Orléans spielen beim ***Orléans' Jazz*** an die 250 Musiker, jedes Jahr wieder und das vier Tage lang. *www.orleansjazz.fr*

JUNI–AUGUST

A la Cour du Roy François auf der Bühne im Schloss von Amboise ist eine grandiose Show mit Musik, Gauklern, Licht, Feuerwerk und 500 Amateurschauspielern. Tauchen Sie ein in die Welt der Renaissance. *www.renaissance-amboise.com*

JUNI–OKTOBER

Das ★ ● ***Festival International des Jardins*** in Chaumont-sur-Loire ist eine verrückte Spielwiese für Landschaftsarchitekten aus aller Welt. Jahr für Jahr schaffen Künstler auf rund 30 extra angelegten Parzellen zukunftsweisende Gartenkunstwerke. *www.domaine-chaumont.fr*

JULI

Die ***Journées internationales de la Rose*** in Doué-la-Fontaine: riesige Blumen-

Die hohe Kunst des Feierns: Historienspiele und moderne Gartenfestivals verbinden im Loire-Tal mühelos gestern, heute und morgen

schau in den Muschelkalk-Arenen der Stadt. *Um den 14. Juli herum | www.journeesdelarose.com*

AUGUST

Festival der Barockmusik in Sablé-sur-Sarthe: lauter Konzerte in den Kirchen des Umlands. *Mitte/Ende August | Karten: Centre Culturel Joël Le Theule | Tel. 02 43 62 22 22 | www.lentracte-sable.fr*

Am 1. Mi und Do versammeln sich Tausende an den ***Grandes Tablées*** *(www.saumur-champigny.com)* in Saumurs Innenstadt. An großen Tischen servieren lokale Winzer ihre Tropfen und eine deftige Mahlzeit *(12 Euro)*. Dazu gibt es viel Musik und tolle Stimmung im großen Freiluftrestaurant.

SEPTEMBER

In Angers' Straßen treffen sich Anfang des Monats Straßenkünstler, Artisten, Tänzer und Jongleure zum INSIDER TIPP ***Festival Les Accroche-Cœurs***. *www.angers.fr*

Jazzfestival in der Touraine: Dutzende Orchester spielen in Montlouis unterm Zeltdach, auf den Straßen oder in Kirchen. *1. Septemberhälfte | Karten und Infos Tel. 02 47 50 72 70 | www.jazzentouraine.com*

OKTOBER

Reitturnier Mondial du Lion mit den besten Spring- und Dressurreitern der Welt. *Le Lion d'Angers | Karten und Infos Tel. 02 41 95 82 46 | www.mondialdulion.com*

FEIERTAGE

1. Jan.	Neujahr
MÄrz/April	Ostermontag
1. Mai	Tag der Arbeit
8. Mai	Kriegsende 1945
Mai	Christi Himmelfahrt
Mai/Juni	Pfingstmontag
14. Juli	Nationalfeiertag
15. Aug.	Mariä Himmelfahrt
1. Nov.	Allerheiligen
11. Nov.	Waffenstillstand 1918
25. Dez.	Weihnachtsfeiertag

LINKS, BLOGS, APPS & CO.

LINKS & BLOGS

short.travel/loi6 Der Autor dieses MARCO POLO Bands hat eine eigene Facebook-Seite über seine Erfahrungen im Loire-Tal eingerichtet: „Peter Bausch an der Loire". Im Durchschnitt gibt es jede Woche ein neues Foto und eine neue Geschichte über Reiseziele, Restaurants, Weine, Hotels und Gästezimmer

short.travel/loi7 Das Schloss Chaumont mit seinem internationalen Gartenfestival jedes Jahr hat auf Facebook Tausende Freunde und gibt zum Teil mehrmals täglich neue Informationen und Bilder zu den herrlichen Anlagen hoch über der Loire heraus

short.travel/loi8 Sehr aktiv auf Facebook ist das Tourismusbüro in Angers, das auf seiner Seite laufend Rezepte, Ausflugstipps oder Neuigkeiten aus dem Anjou veröffentlicht

kissorleansforever.wordpress.com Interessanter Blog über Kultur in und um Orléans, allerdings nur in französischer Sprache

www.france-blog.info Nützliche Informationen aus dem Nachbarland und lesenswerte Blogs

short.travel/loi10 In der öffentlichen Facebook-Gruppe posten Frankreichfans ihre Tipps und Fotos aus dem ganzen Land. Immer wieder gibt es mal Nachrichten aus dem Loire-Tal

short.travel/loi1 Auf der Facebook-Seite von Atout France gibt es praktisch täglich neue Infos übers Urlaubsland Frankreich mit Beiträgen von Profis und Amateuren

www.marcopolo.de/loiretal Interaktive Karten inklusive Planungsfunktion, Impressionen aus der Community, aktuelle News und Angebote ...

www.chateauxavelo.com Das Verkehrsamt von Blois betreibt eine Internetseite, auf der alle wichtigen Informationen für eine Radtour im Land der großen Schlösser verfügbar

Egal, ob für Ihre Reisevorbereitung oder vor Ort: Diese Adressen bereichern Ihren Urlaub. Da manche sehr lang sind, führt Sie der short.travel-Code direkt auf die beschriebenen Websites. Falls bei der Eingabe der Codes eine Fehlermeldung erscheint, könnte das an Ihren Einstellungen zum anonymen Surfen liegen

sind: Streckenvorschläge, Unterkünfte, Radverleih und Entdeckungen

www.zevisit.com Audioguides zu Städten und Schlössern, aber auch Radtouren im Loire-Tal gibt es in guter Auswahl auf dieser Seite

www.de-fra.com Praktische Tipps auf der deutsch-französischen Website z. B. über Jeanne d'Arc, Reiseberichte und nützliche Adressen, die den Alltag, aber auch den Urlaub im Loire-Tal leichter machen

VIDEOS & MUSIK

www.youtube.com/user/zoobeauval Der Zooparc de Beauval hat auf youtube Dutzende von kleinen Filmen gestellt, die Neuigkeiten aus dem Tierpark mit dem Riesenpanda-Pärchen aus China erzählen

short.travel/loi2 Der kurze Film von Romain Delaunay bringt aus der Sicht eines Heißluftballons betörend schöne Bilder vom Loire-Tal bei Brissac

short.travel/loi3 Das Tourismusbüro von Bourges hat ein gutes Dutzend Videofilme auf youtube gestellt, die Appetit auf die Stadt machen

short.travel/loi4 Hübsche Reportage über die bunten, fantasievollen Briefkästen im Dorf St-Martin-D'Abbat

www.terrabotanica.fr Der Gartenpark in Angers präsentiert auf seiner Internetseite kurze Videofilme, die einen guten Eindruck des Angebots geben

APPS

Blois Guide Infos über Blois und Schlösser wie Chambord oder Cheverny laden Sie kostenlos von www.bloischambord.de für iPhone und iPod herunter

Chenonceau entdecken Die kostenlose App in deutscher Sprache gibt es für iPhone und iPod Touch auf der Seite des Schlosses www.chenonceau.com

Bourges Das Tourismusbüro von Bourges – *www.bourges-tourisme.com* – bietet eine App mit virtuellem Stadtrundgang und Informationen zu Sehenswürdigkeiten, Restaurants und Übernachtungsmöglichkeiten

PRAKTISCHE HINWEISE

ANREISE

Vom Norden und der Mitte Deutschlands aus ist Paris nahezu obligatorische Station auf Ihrem Weg ins Loire-Tal. Von Paris aus erreichen Sie dann Orléans, Blois oder Tours über die A 10, die Gegend um Angers über die A 10/A 11, Gien und Sancerre über die A 6/A 77. Aus Süddeutschland, der Schweiz und Österreich nehmen Sie am besten die Autobahn E 60 über Mulhouse, Besançon, Auxerre und erreichen dann die Loire über Landstraßen. Seit 2009 ist die rund 100 km lange Autobahn A 19 von Courtenay bei Sens nach Artenay im Norden fertig und ermöglicht eine schnellere Anreise aus dem Osten ins Loire-Tal.

Der Hochgeschwindigkeitszug TGV *(Train à Grande Vitesse)* verbindet Paris mit Vendôme (42 Min.), Tours (70 Min.) und Angers (90 Min.). Den Hochgeschwindigkeitszug sollten Sie zeitig buchen. Wenn Sie Ihr Fahrrad in das Loire-Tal mitnehmen möchten, sollten Sie auf jeden Fall früh reservieren, denn nicht alle Züge haben die entsprechenden Abteile. In den Regionalzügen (TER) werden Ihre Räder zumeist kostenlos transportiert *(Train plus Vélo)*. Weitere Informationen über *de.voyages-sncf.com/de*

Die Stadt Nantes, rund 100 km westlich von Angers, verfügt über einen internationalen Flughafen *(www.nantes.aeroport.fr)*. Orléans liegt gerade einmal 100 km südlich von Paris. Deswegen lohnt sich eventuell die Anreise aus Deutschland per Flugzeug in die französische Hauptstadt mit Gesellschaften wie Air France, Lufthansa, Air Berlin oder Easyjet. Vom Flughafen Charles de Gaulle bedient der TGV Tours (1 Std. 48 Min.) und Orléans (1 Std. 35 Min.).

GRÜN & FAIR REISEN

Auf Reisen können auch Sie viel bewirken. Behalten Sie nicht nur die CO_2-Bilanz für Hin- und Rückreise im Hinterkopf *(www.atmosfair.de; de.myclimate.org)* – etwa indem Sie Ihre Route umweltgerecht planen *(www.routerank.com)* – , sondern achten Sie auch Natur und Kultur im Reiseland *(www.gate-tourismus.de; www.ecotrans.de)*. Gerade als Tourist ist es wichtig, auf Aspekte wie Naturschutz *(www.nabu.de; www.wwf.de)*, regionale Produkte, wenig Autofahren, Wassersparen und vieles mehr zu achten. Wenn Sie mehr über ökologischen Tourismus erfahren wollen: europaweit *www.oete.de*; weltweit *www.germanwatch.org*

AUSKUNFT

ATOUT FRANCE – FRANZÖSISCHE ZENTRALE FÜR TOURISMUS

In Deutschland: *Postfach 100128 | 60001 Frankfurt am Main | de.france.fr*

In Österreich: *Tel. +43 (0) 1503 28 92 | at.france.fr*

In der Schweiz: *ch.france.fr*

AGENCE RÉGIONALE PAYS DE LA LOIRE

Nantes | www.enpaysdelaloire.com

Von Anreise bis Zoll

Urlaub von Anfang bis Ende: die wichtigsten Adressen und Informationen für Ihre Loire-Tal-Reise

COMITÉ RÉGIONAL DU TOURISME CENTRE-VAL DE LOIRE
Orléans | www.valdeloire-france.com

AUTO

Die Höchstgeschwindigkeit beträgt auf den Autobahnen 130, bei Regen 110 km/h, auf den National- und Départementalstraßen (N, D) darf man 90, bei Regen lediglich 80 km/h fahren, in Ortschaften gilt 50 km/h. Die Promillegrenze liegt bei 0,5. Autobahnfahren kostet Gebühr *(péage)*, die Sie bar oder mit Kreditkarte zahlen können.
Pannenhilfe: Abschleppen *(dépanneur-remorqueur)* wird von der Polizei vermittelt, Notrufsäule oder Rufnummer 17. Verkehrsunfall: Die Polizei muss nur bei Personenschaden eingreifen. Unbedingt die grüne Versicherungskarte mitnehmen. In Frankreich sind inzwischen sowohl ein Warndreieck als auch eine gelbe Warnweste Pflichtausstattung im Auto. Empfohlen wird zudem ein Gerät für einen Alkoholtest, aber entgegen der ursprünglichen Ankündigung gibt es keine Strafe für Touristen, die das Gerät nicht mit sich führen.
Deutsche Autofahrer, die in Frankreich von automatischen Radaranlagen geblitzt werden, bekommen mittlerweile eine Zahlungsaufforderung. Bei kleinen Verstößen (ab 1 km/h Geschwindigkeitsüberschreitung) sind 68 Euro fällig. Wer innerhalb von 46 Tagen zahlt, überweist als Schnellzahler lediglich 45 Euro. Bei eingelegtem Widerspruch und ab 76 Tagen kostet der Strafzettel 180 Euro.
In französischen Innenstädten wie Orléans oder Saumur gibt es blau markierte Kurzzeitparkplätze (in der Regel 1,5 Std. freies Parken mit der blauen Parkscheibe).

BANKEN & KREDITKARTEN

Banken haben meist Mo–Fr 8.30–12 und 14–17 Uhr geöffnet. Automaten, an denen man mit EC-Karte und Geheimnummer Geld abheben kann, findet man überall. Kreditkarten werden in großen Hotels und Restaurants, in vielen Geschäften, Supermärkten, Autobahnzahlstellen *(péage)* und Tankstellen angenommen.

WAS KOSTET WIE VIEL?

Kaffee	1,30 Euro *für einen Espresso*
Bootstour	15 Euro *für 1,5 Std.*
Wein	3,50–7 Euro *für eine Karaffe (0,5 l)*
Fahrrad	14 Euro *pro Tag für ein Leihrad*
Sandwich	2,30–3,50 Euro *je nach Belag*
Benzin	1,40 Euro *für einen Liter Super*

CAMPING

Das Loire-Tal hat ein riesiges Angebot an Campingplätzen aller Preiskategorien. Den regionalen Campingführer gibt es jeweils beim *Comité Régional de Tourisme (siehe Auskunft)* oder in den Verkehrsämtern der einzelnen Orte. Viele Campingplätze bieten Schwimmbäder und vermieten außerdem Fahrräder in unmittelbarer Nähe der großen Schlösser wie *Camping Indigo des Châteaux (Ende März–Mitte Nov. | 11, rue Roger Brun | Bracieux | Tel. 0254464184 | www.camping-indigo.com)* oder *Château des Marais* im Park eines Herrensitzes *(Mitte Mai–Mitte Sept. | route de Chambord à Muides | St-Dyé-sur-Loire | Tel. 0254870542 | www.camping-marais.com)*

DIPLOMATISCHE VERTRETUNGEN

DEUTSCHE BOTSCHAFT

13–15, av. Franklin D. Roosevelt | 75008 Paris | Tel. 0153834500 | www.allemagne.diplo.de

ÖSTERREICHISCHE BOTSCHAFT

6, rue Fabert | 75007 Paris | Tel. 0140633063 | www.bmeia.gv.at/oeb-paris

SCHWEIZER BOTSCHAFT

142, rue de Grenelle | 75007 Paris | Tel. 0149556700 | www.eda.admin.ch/paris

GESUNDHEIT

Deutsche und österreichische Versicherte können die französische Krankenversicherung in Anspruch nehmen. Sie müssen zunächst für medizinische Hilfe bezahlen, bekommen ihre Auslagen aber nach den Gesetzen Ihres Heimatlands zurückerstattet. Die Europäische Gesundheitskarte EHIC ist in Frankreich noch nicht akzeptiert. Für den Fall des Falles empfiehlt sich weiterhin eine Auslandskrankenschutzversicherung.

HAUSBOOTFAHRTEN

Für Freizeitkapitäne ohne Patent ist die Loire wegen Untiefen und Sandbänken zwar tabu, aber auf Flüssen wie Cher, Sarthe und dem Canal Latéral de la Loire zwischen Nevers in Burgund und Briare eröffnen sich bei einer Geschwindigkeit von 6 km/h auf dem Wasser ganz neue Perspektiven. Vorsicht unter Brücken: Ziehen Sie besser den Kopf ein.

Clou ist zweifellos die Fahrt auf der *Kanalbrücke von Briare* hoch über die Loire hinweg *(S. 38)*. Auf 136 km ist die Sarthe von Angers bis Le Mans befahrbar *(Informationen: Anjou Navigation | Quai National | 72300 Sablé-sur-Sarthe | Tel. 0243951442 | www.anjou-navigation.fr* oder *Les Canalous | Le Moulin | 49220 Chenillé-Changé | Tel. 0241951083 | www.canalous-plaisance.fr)*.

HAUSTIERE

In Frankreich gibt es keine Hundesteuer. Sie können Ihr Haustier in das Loire-Tal mitnehmen, wenn es mindestens drei Monate alt und gegen Tollwut geimpft ist und eine Marke trägt. Empfehlenswert ist der europäische Heimtierpass. Fragen Sie bei der Hotelreservierung auf jeden Fall, ob Hunde oder Katzen akzeptiert werden. Normalerweise ist ein Aufpreis fällig.

HEISSLUFTBALLON-FAHRTEN

Das Loire-Tal mal aus der Vogelperspektive erleben: Die Heißluftballons *(montgolfières)* starten an verschiedenen Orten wie Amboise *(www.balloonrevolution.com)*, Contres *(www.au-gre-des-vents.com)*, Chenonceau *(www.franceballoons.com)* oder Rochecorbon *(www.touraine-montgolfiere.fr)* entweder frühmorgens oder am späten Nachmittag für Flüge zwischen 60 und 90 Minuten. Mit rund 200 Euro pro Person ist dies allerdings ein ziemlich teures Vergnügen. *Informa-*

tionen dazu bei den lokalen Verkehrsämtern

INTERNETZUGANG & WLAN

Internetanschlüsse finden Sie heute in fast allen Hotels und in vielen privaten Gästezimmern. WLAN-Hotspots sind in allen größeren Städten üblich und gehören auch in Hotels zum Standard.

JUGENDHERBERGEN

Für die günstige Übernachtungsmöglichkeit brauchen Sie den internationalen Jugendherbergsausweis. Auskunft bei der *Fédération Unie des Auberges de Jeunesse | 27, rue Pajol | F-75018 Paris | Tel. 01 44 89 87 27 | www.fuaj.org,* oder beim *Deutschen Jugendherbergswerk | Bad Meinberger Straße 1 | 32760 Detmold | Tel. 05231 9 93 60 | www.jugendherberge.de*

NOTRUF

Polizei *(Police Secours) Tel. 17, Tel. mit Mobiltelefon: 112*
Krankenwagen *(Ambulance, Samu) Tel. 15*
Feuerwehr *(Sapeurs-pompiers) Tel. 18*

ÖFFENTLICHE VERKEHRSMITTEL

Es ist kein großes Problem, ohne Auto im Loire-Tal zurechtzukommen. Bahn- und Buslinien verbinden die größeren Städte wie Bourges, Orléans, Blois, Tours oder Angers. Bahnhöfe gibt es aber auch in den kleineren Städten wie Langeais, Loches oder Chinon und die Sehenswürdigkeiten der Region werden zumindest in den Ferienzeiten regelmäßig mit Bussen angefahren.
Ein Beispiel ist das Netz in der Touraine *(www.tourainefilvert.com),* das für einen Ticketpreis von 2,40 Euro Tours mit den Schlössern von Amboise, Chenonceau, Azay-le-Rideau und Villandry verbindet. Wie viele Städte in Frankreich haben Orléans, Tours oder Angers mittlerweile wieder Straßenbahnen *(tramway)* auf Gleise gestellt.

ÖFFNUNGSZEITEN

Die Geschäfte in den Innenstädten des Loire-Tals sind im Allgemeinen montags bis samstags von 9–19 Uhr, die großen *hypermarchés* in den Einkaufszentren vor den Toren der Städte sogar bis 21 oder gar 22 Uhr geöffnet. Am Sonntagmorgen sind fast überall in der Region Bäckereien und Metzgereien offen.

POST

Die Postämter sind Mo–Fr 9–12 und 14–17 Uhr, Sa 9–12 Uhr geöffnet; Briefe (bis 20 g) sowie Postkarten in EU-Länder und in die Schweiz kosten 95 Cent.

PRIVATUNTERKÜNFTE

Im Loire-Tal sind private Gästezimmer eine oft recht preiswerte Alternative zu Hotels. Relativ strenge Normen gibt es etwa für die *Chambre d'hôtes* bei der *Maison des Gîtes de France (59, rue St-Lazare | F-75009 Paris | Tel. 01 49 70 75 75 | www.gites-de-france.fr).* Die lokalen Verkehrsämter haben weitere Adressen für die französische Version des „Bed & Breakfast".
Weitere Dachverbände für Gästezimmer im Loire-Tal sind *Fleurs de Soleil (www.fleursdesoleil.fr)* oder auch *Clévacances (www.clevacances.com).* Sehr beliebt sind in Frankreich Ferienwohnungen auf dem Land *(gîte rural)*, die oft erst ab einer Mietzeit von einer Woche, jeweils Samstag bis Samstag, gebucht werden

können. Größter französischer Anbieter für Ferienimmobilien ist *Pierre et Vacances (www.pierreetvacances.com).* Interessante Angebote von Privatleuten finden sich unter *www.homelidays.com* im Internet.

Wer lieber stilvoll in einem privaten Schloss nächtigen möchte, findet mehr als 100 Adressen in der Broschüre *Bienvenue au Château*, die vom gleichnamigen Verein herausgegeben wird *(Association Bienvenue au Château | 9, rue Louis Kerautret Botmel | 35000 Rennes | Tel. 02 99 83 26 26 | www.bienvenueauchateau.com)*.

REISEZEIT

Im August sind in den großen Städten wie Orléans, aber auch Angers und Tours relativ viele Restaurants und Cafés geschlossen, da die Franzosen dann selbst Urlaub machen. Deshalb sind die Monate Mai, Juni, Juli, September und Oktober die beste Reisezeit für das Loire-Tal. Besonders im Früh- und Spätsommer ist es schon bzw. noch warm genug, um draußen sitzen zu können und die Spaziergänge durch die Parks richtig zu genießen.

Reisen Sie im Winter, empfiehlt sich ein vorheriger Anruf im gewünschten Hotel, weil viele Häuser in dieser Zeit Betriebsferien einlegen.

STROM

220 Volt. Deutsche Stecker passen ganz häufig nicht in ältere französische Steckdosen. Die Anschaffung eines Adapters ist deshalb ratsam.

TELEFON & HANDY

In Frankreich wurde für das Mobiltelefon der Name *portable* gefunden. Es gibt im Land drei große Anbieter, *SFR (www.sfr.fr), Orange (www.orange.com) mit*

WETTER IN ORLÉANS

	Jan.	Feb.	März	April	Mai	Juni	Juli	Aug.	Sept.	Okt.	Nov.	Dez.
Tagestemperaturen in °C	6	7	12	15	19	22	24	24	21	16	10	6
Nachttemperaturen in °C	0	0	2	5	8	11	13	13	11	7	3	1
☀	2	3	5	7	8	7	7	7	6	4	2	2
☂	16	13	12	12	13	11	11	12	12	13	15	16

 ☀ Sonnenschein Stunden/Tag ☂ Niederschlag Tage/Monat

deutscher Seite) und *Bouygues (www.bouyguestelecom.fr),* die ganz Frankreich mit einem dichten Netz überzogen haben. Nur außerhalb der Städte gibt es manchmal Funklöcher.
Telefonate nach Hause: *Vorwahl Deutschland 0049, Österreich 0043, Schweiz 0041,* Ortsvorwahl ohne 0, dann die entsprechende Rufnummer. *Vorwahl nach Frankreich: 0033,* die Rufnummer ohne 0 vorweg (innerhalb Frankreichs gibt es keine Ortsvorwahl).

TRINKGELD

Sie können stets dasselbe Trinkgeld *(pourboire)* geben wie zu Hause auch – vorausgesetzt natürlich, Sie waren zufrieden.

TRINKWASSER

Das Leitungswasser in Frankreich kann ohne Bedenken getrunken werden. In Restaurants ziehen viele Einheimische die *carafe d'eau* dem teuren Mineralwasser in Flaschen vor.

WEINPROBEN

Das Loire-Tal ist eins der größten Weinanbaugebiete ganz Frankreichs, das die unterschiedlichen Sorten von Rot-, Weiß-, Rosé- und Schaumweinen hervorbringt. Viele Winzer und Winzergenossenschaften *(caves coopératives)* bieten meist kostenlose Weinproben *(dégustation)* an. Weinhäuser *(maisons de vin)* verlangen für größere Kostproben zuweilen Geld wie z. B. die neue ● *Maison des Vins de Cheverny (1, av. Du Château | Cheverny | Tel. 0254792516 | www.maisondesvinsdecheverny.fr)*, die Hightech mit elektronischem Chip im Glas für insgesamt sieben Weine einsetzt *(6,50 Euro)*. Die regionalen Dachverbände der französischen Winzer *(www.vinsdeloire.fr | Informationen auch auf Deutsch* oder *www.vins-centre-loire.com | im Osten rund um Sancerre)* haben im Loire-Tal eine ganze Reihe von Weinstraßen *(routes des vignobles)* ausgearbeitet und manche Winzer richten wie auf der *Domaine du Clos de l'Epinay (S. 70)* sogar Gästezimmer auf ihren Weingütern ein.

WOHNMOBIL

Das Loire-Tal bietet sehr gute Infrastrukturen für Wohnmobil-Urlauber. Allein im Anjou gibt es 60 öffentliche Plätze mit Versorgungseinrichtungen, dazu knapp 40 Campingplätze und über 70 Bauernhöfe und Weingüter, die für eine oder zwei Nächte einen Stellplatz zum Teil umsonst oder gegen eine nur geringe Gebühr für Wohnmobile vorhalten. Beispiele für den Sonderservice *(www.bienvenue-a-la-ferme.com)* in der Landwirtschaft sind das Weingut *Domaine de la Chopinière du Roy (www.chopiniereduroy.fr)* in St-Nicolas-de-Bourgueil oder die *Ferme du Bois Madame (www.fermeduboismadame.com)* der Familie Gauthier in Grézillé zwischen Saumur und Angers, die auf dem Hof, der gerade auf Bioanbau umstellt, einen Campingplatz betreibt und mehrere Stellplätze für Wohnmobile reserviert.

ZOLL

Innerhalb der EU dürfen Waren für den persönlichen Bedarf frei ein- und ausgeführt werden, u. a. bis zu 800 Zigaretten, 90 l Wein und 10 l Spirituosen. Für Schweizer gelten geringere Freimengen, u. a. 200 Zigaretten oder 50 Zigarren und 2 l Wein.

SPRACHFÜHRER FRANZÖSISCH

AUSSPRACHE

Zur Erleichterung der Aussprache sind alle französischen Wörter mit einer einfachen Aussprache in eckigen Klammern versehen.

AUF EINEN BLICK

ja/nein/vielleicht	oui [ui]/non [nong]/peut-être [pöhtätr]
bitte/danke	s'il vous plaît [ßil wu plä]/merci [märßih]
Gute(n)/Morgen!/Tag!/ Abend!/Nacht!	Bonjour! [bongschuhr]/Bonjour! [bongschuhr]/ Bonsoir! [bongßoar]/Bonne nuit! [bonn nüi]
Hallo!/Auf Wiedersehen!/ Tschüss!	Salut! [ßalü]/Au revoir! [o rövoar]/Salut! [ßalü]
Entschuldigung!	Pardon! [pardong]
Ich heiße ...	Je m'appelle ... [schö mapäll ...]
Ich komme aus ...	Je suis de ... [schö süi dö ...]
Darf ich ...?	Puis-je ...? [püi schö ...]
Wie bitte?	Comment? [kommang]
Ich möchte .../Haben Sie?	Je voudrais ... [schö wudrä]/Avez-vous? [aweh wu]
Wie viel kostet ...?	Combien coûte ...? [kombjäng kuht ...?]
Das gefällt mir (nicht).	Ça (ne) me plaît (pas). [ßa (nö) mö plä (pa)]
gut/schlecht/kaputt	bon [bong]/mauvais [mowä]/cassé [kaßeh]
zu viel/viel/wenig	trop [troh]/beaucoup [bokuh]/peu [pöh]
alles/nichts	tout [tuh]/rien [riäng]
Hilfe!/Achtung!	Au secours! [o ßökuhr]/Attention! [attangßjong]
Polizei/Feuerwehr/ Krankenwagen	police [poliß]/pompiers [pompieh]/ ambulance [ambülangß]

DATUMS- & ZEITANGABEN

Montag/Dienstag	lundi [längdi]/mardi [mardi]
Mittwoch/Donnerstag	mercredi [märcrödi]/jeudi [schödi]
Freitag/Samstag/ Sonntag	vendredi [vangdrödi]/samedi [ßamdi]/ dimanche [dimangsch]
Werktag/Feiertag	jour ouvrable [schur uwrabl]/jour férié [schur ferieh]
heute/morgen/gestern	aujourd'hui [oschurdüi] /demain[dömäng]/hier [jähr]
Stunde/Minute	heure [öhr]/minute [minüt]
Tag/Nacht/Woche	jour [schur]/nuit [nüi]/semaine [ßömän]
Monat/Jahr	mois [moa]/année [aneh]

Tu parles français?

„Sprichst du Französisch?" Dieser Sprachführer hilft Ihnen, die wichtigsten Wörter und Sätze auf Französisch zu sagen

Wie viel Uhr ist es?	Quelle heure est-t-il? [käl ör ät il]
Es ist drei Uhr.	Il est trois heures. [il ä troasör]
Es ist halb vier.	Il est trois heures et demi. [il ä troasör e dömi]
Viertel vor vier	quatre heures moins le quart [katrör moäng lö kar]
Viertel nach vier	quatre heures et quart [katrör e kar]

UNTERWEGS

offen/geschlossen	ouvert [uwär]/fermé [färmeh]
Eingang/Einfahrt	entrée [angtreh]
Ausgang/Ausfahrt	sortie [ßorti]
Abfahrt/Abflug/Ankunft	départ [depahr]/départ [depahr]/arrivée [arriweh]
Toiletten/Damen/Herren	toilettes [toalett]/femmes [famm]/hommes [omm]
(kein) Trinkwasser	eau (non) potable [o (nong) potabl]
Wo ist ...?/Wo sind ...?	Où est ...? [u ä ...]/Où sont ...? [u ßong ...]
links/rechts	à gauche [a gohsch]/à droite [a droat]
geradeaus/zurück	tout droit [tu droa]/en arrière [ong arriähr]
nah/weit	près [prä]/loin [loäng]
Bus/Straßenbahn/ U-Bahn/Taxi	bus [büß]/tramway [tramwäi]/métro [mehtro]/taxi [takßi]
Haltestelle/Taxistand	arrêt [arrä]/station de taxi [ßtaßjong dö takßi]
Parkplatz/Parkhaus	parking [parking]
Stadtplan/[Land-]Karte	plan de ville [plang dö vil]/carte routière [kart rutjähr]
Bahnhof/Hafen/Flughafen	gare [gahr]/port [pohr]/aéroport [aeropohr]
Fahrplan/Fahrschein	horaire [orär]/billet [bije]
einfach/hin und zurück	aller simple [aleh ßämpl]/aller-retour [aleh rötuhr]
Zug/Gleis/Bahnsteig	train [träng]/voie [woa]/quai [käh]
Ich möchte ... mieten.	Je voudrais ... louer. [schö wudräh... lueh]
ein Auto/ein Fahrrad/ ein Boot	une voiture [ün woatür]/un vélo [äng weloh]/ un bateau [äng batoh]
Tankstelle	station d'essence [ßtaßjong deßangß]
Benzin/Diesel	essence [eßangß]/diesel [diesäl]
Panne/Werkstatt	panne [pann]/garage [garahsch]

ESSEN & TRINKEN

Die Speisekarte, bitte.	La carte, s'il vous plaît. [la kart ßil wu plä]
Könnte ich bitte ... haben?	Puis-je avoir ... s'il vous plaît? [püischö awoar ... ßil wu plä]
Flasche/Karaffe/Glas	bouteille [buteij]/carafe [karaf]/verre [wär]
Messer/Gabel/Löffel	couteau [kutoh]/fourchette [furschät]/cuillère [küijär]
Salz/Pfeffer/Zucker	sel [ßäl]/poivre [poawr]/sucre [ßükr]

Essig/Öl	vinaigre [winägr]/huile [üil]
Milch/Sahne/Zitrone	lait [lä]/crême [kräm]/citron [ßitrong]
kalt/versalzen/nicht gar	froid [froa]/trop salé [tro ßaleh]/pas cuit [pa küi]
mit/ohne Eis/Kohlensäure	avec [awäk]/sans [ßang] glaçons/gaz [glaßong/gaß]
Vegetarier(in)	végétarien(ne) [weschetarijäng/weschetarijänn]
Ich möchte zahlen, bitte.	Je voudrais payer, s'il vous plaît. [schön wudrä pejeh, ßil wu plä]
Rechnung/Quittung	addition [adißjong]/reçu [rößü]

EINKAUFEN

Apotheke/Drogerie	pharmacie [farmaßi]/droguerie [drogöri]
Bäckerei/Markt	boulangerie [bulangschöri]/marché [marscheh]
Einkaufszentrum	centre commercial [ßangtre komerßial]
Kaufhaus	grand magasin [grang magasäng]
100 Gramm/1 Kilo	cent grammes [ßang gramm]/un kilo [äng kilo]
teuer/billig/Preis	cher [schär]/bon marché [bong marscheh]/prix [pri]
mehr/weniger	plus [plüß]/moins [moäng]
aus biologischem Anbau	de l'agriculture biologique [dö lagrikültür bioloschik]

ÜBERNACHTEN

Ich habe ein Zimmer reserviert.	J'ai réservé une chambre. [scheh reserweh ün schangbr]
Haben Sie noch ...?	Avez-vous encore ...? [aweh wusangkor ...]
Einzel-/Doppelzimmer	chambre simple/double [schangbr ßämplö/dublö]
Frühstück	petit déjeuner [pöti deschöneh]
Halbpension/Vollpension	demi-pension [dömi pangßjong]/pension complète [pangßjong komplät]
Dusche/Bad	douche [dusch]/bain [bäng]
Balkon/Terrasse	balcon [balkong] /terrasse [teraß]
Schlüssel/Zimmerkarte	clé [kleh]/carte magnétique [kart manjetik]
Gepäck/Koffer/Tasche	bagages [bagahsch]/valise [walis]/sac [ßak]

BANKEN & GELD

Bank/Geldautomat/ Geheimzahl	banque [bangk]/guichet automatique [gischeh otomatik]/code [kodd]
bar/Kreditkarte	comptant [komtang]/carte de crédit [kart dö kredi]
Banknote/Münze	billet [bijeh]/monnaie [monä]

GESUNDHEIT

Arzt/Zahnarzt/Kinderarzt	médecin [medßäng]/dentiste [dangtißt]/pédiatre [pediatrö]
Krankenhaus/Notfallpraxis	hôpital [opital]/urgences [ürschangß]

Fieber/Schmerzen	fièvre [fiäwrö]/douleurs [dulör]
Durchfall/Übelkeit	diarrhée [diareh]/nausée [noseh]
Sonnenbrand	coup de soleil [ku dö ßolej]
entzündet/verletzt	enflammé [angflameh]/blessé [bleßeh]
Pflaster/Verband	pansement [pangßmang]/bandage [bangdahsch]
Salbe/Schmerzmittel	pommade [pomad]/analgésique [analschesik]

TELEKOMMUNIKATION & MEDIEN

Briefmarke	timbre [tämbrö]
Brief/Postkarte	lettre [lätrö]/carte postale [kart poßtal]
Ich brauche eine Telefonkarte fürs Festnetz.	J'ai besoin d'une carte téléphonique pour fixe. [scheh bösoäng dün kart telefonik pur fiekß]
Ich suche eine Prepaidkarte für mein Handy.	Je cherche une recharge pour mon portable. [schö schärsch ün röscharsch pur mong portablö]
Wo finde ich einen Internetzugang?	Où puis-je trouver un accès à internet? [u püische truweh äng akßä a internet]
wählen/Verbindung/besetzt	composer [komposeh]/connection [konekßiong]/occupé [oküpeh]
Steckdose/Ladegerät	prise électrique [pris elektrik]/chargeur [scharschör]
Computer/Batterie/Akku	ordinateur [ordinatör]/batterie [battri]/accumulateur [akümülatör]
At-Zeichen	arobase [arobaß]
Internet-/E-Mail-Adresse	adresse internet/mail [adräß internet/mejl]
Internetanschluss/WLAN	accès internet [akßä internet]/wi-fi [wifi]
E-Mail/Datei/ausdrucken	mail [mejl]/fichier [fischjeh]/imprimer [ämprimeh]

FREIZEIT, SPORT & STRAND

Strand	plage [plahsch]
Sonnenschirm/Liegestuhl	parasol [paraßol]/transat [trangßat]
Ebbe/Flut/Strömung	marée basse [mareh baß]/marée haute [mareh ot]/courant [kurang]
Seilbahn/Sessellift	téléphérique [teleferik]/télésiège [teleßiäsch]
Schutzhütte/Lawine	refuge [röfüsch]/avalanche [avalangsch]

ZAHLEN

0	zéro [sero]	8	huit [üit]
1	un, une [äng, ühn]	9	neuf [nöf]
2	deux [döh]	10	dix [diß]
3	trois [troa]	20	vingt [väng]
4	quatre [katr]	100	cent [ßang]
5	cinq [ßänk]	1000	mille [mil]
6	six [ßiß]	½	un[e] demi[e] [äng/ühn dömi]
7	sept [ßät]	¼	un quart [äng kar]

REISEATLAS

Verlauf der Erlebnistour „Perfekt im Überblick"
Verlauf der Erlebnistouren

Der Gesamtverlauf aller Touren ist auch in der herausnehmbaren Faltkarte eingetragen

 Bild: Blois

Unterwegs im Loire-Tal

Die Seiteneinteilung für den Reiseatlas finden Sie auf dem hinteren Umschlag dieses Reiseführers

Vitré
Gwitreg
Les Rochers Sévigné
Bourgneuf-la-Forêt
Abbaye de Clermont
Laval-Centre/Fougères
Laval-Quartiers-Est
Montsûrs
Montecler
Évron
Sainte-Suzanne
Argentré
La Chapelle-Rainsouin
Gravelle
Loiron
Le Pertre
Argentré-du-Plessis
Argentred-ar-Genkiz
St-Berthevin
Laval
Soulgé-sur-Ouette
Vaiges
St-Jean-sur-Erve
Bazougers
Entrammes
Rochefort
Chéméré-le-Roi
Grotte à Margot
Cuillé
St-Poix
Cossé-le-Vivien
Nuillé-sur-Vicoin
Quelaines-St-Gault
Villiers-Charlemagne
Meslay-du-Maine
La Guerche-de-Br.
Gwerc'h-Breizh
Laubrières
Ballots
St-Loup-du-Dorant
Bouessay
Mayenne
Gennes-sur-Glaize
Grez-en-Bouère
Sablé-sur-Sarthe
St-Aignan-sur-Roë
Craon
Château-Gontier
Bierné
Senonnes
Renazé
St-Quentin-les-Anges
Chemazé
la Maroutière
Coudray
St-Denis-d'Anjou
Bouillé-Ménard
Mortiercrolles
Daon
Mortreux
Miré
Pouancé
Combrée
le Percher
Châteauneuf-s.-Sarthe
Daumeray
Primaudière
Juigné-d.-M.
Segré
St-Hénis
Champigné
le Plessis Chivré
St-Julien-d.-V.
La Chapelle-Glain
Challain-la-Potherie
Loiré
Le Lion-d'Angers
Sceaux-d'Anjou
le Plessis Bourré
Tiercé
le Verger
la Motte-Glain
Vern-d'Anjou
Chazé-sur-Argos
Seiches-sur-le-Loir
St-Mars-la-Jaille
Candé
Erdre
Montreuil-Juigné
Pellouailles-les-Vignes
Le Louroux-Béconnais
Bécon-les-Granits
Avrillé
Les Portes d'Angers
ANGERS
Belligné
La Regeserie
I.Chapelle-St-Sauveur
St-Augustin-des-Bois
Trélazé
Corné
Ancenis
Varades
St-Georges-sur-Loire
Bouchemaine
Les Ponts-de-Cé
La Daguenière
Ingrandes
Montjean-s.-Loire
St-Florent-le-Vieil
Rochefort-sur-Loire
Murs-Erigné
Brissac-Quincé
Coutures
Champtoceaux
Liré
la Bourgonnière
Chalonnes-sur-Loire
Thouarcé
Beaulieu-sur-Layon
Chaudron-en-M.
St-Laurent-de-la-Plaine
St-Lambert-d.-L.
Noyant-la-Plaine
St-Laurent-des-Autels
St-Pierre-Montlimart
Pays de la Loire
Maine-et-Loire
Mauges
Layon
Chemillé
Loire
Bottereau
Puiset-Doré
Beaupréau
La Chapelle-Rousselin
Martigné-Briand
Louresse-Rochemenier
Vallet
Gesté
Jallais
Évre
Valanjou
St-Macaire-en-Mauges
May-sur-Evre
Trémentines
Vihiers
Anjou
Montfaucon
Vezins
Cléré-s.-L.
Vihiers/Cholet-Nord
Cholet
La Plaine
St-Pierre-à-Champ
Torfou
La Fougereuse
Sèvre
Tiffauges
Mortagne-s.-S.
Mauléon/Cholet-Sud
La Tessoualle
Maulévrier
Argenton-Château
Argenton
La Verrie
La Gaubretière
Bazoges-en-P.
Saint-Malo-du-Bois
Mont des Alouettes
Les Aubiers
Moutiers-s/s-A.
A81
A11
A87
E50
E60
E62

D
E
F
1
2
3
4
5
6
Conlie
La Bazoge
Bernay
Savigné-l'Évêque
Lombron
Tuffé
Autoroute l'Océane
Le Mans-Nord
Le Mans-Est
Villaines-la-Gonais
Le Luart
Sablé/Sillé-le-G.
Chassillé
A81
A11
E50
Yvré-l'Évêque
Montfort-le-Gesnois
Connerré
Lavaré
Thorigné-sur-Dué
Champagné
Coulans-s.-Gée
St-Georges-du-Bois
Le Mans-Sud
Le Mans Z.I. Sud
LE MANS
Loué
Château de-l'Isle
Vallon-s.-Gée
Allonnes
Circuit automobile
Bouloire
E501
Spay
Arnage
Mulsanne
Parigné-l'Évêque
Verdelles
Asnières-sur-Vègre
Chemiré-le-Gaudin
Moncé-en-Belin
A28
Tresson
St-Calais
Parcé-s.-S.
Noyen-sur-Sarthe
Suze-s.-S.
Guécélard
St-Mars-d'Outillé
Le Grand-Lucé
Malicorne-s.-S.
Yvré-le-Pôlin
Écommoy
St-Vincent-du-Lorouër
Vancé
Parcé-s.-S.
Sablé-s.-S./La Flèche
La Fontaine-St-Martin
Pontvallain
Mayet
St-Hubert
Jupilles
Poncé-sur-le-Loir
Crosmières
Mansigné
Clermont-Créans
La Flèche
Luché-Pringé
Loir
E502
Château-du-Loir
La Chartre-s.-L.
Durtal
Bazouges-sur-le-Loir
Thorée-les-Pins
Vaas
Dissay-s/s.-C.
Chemillé-sur-Dême
Ruines Romaines
Le Lude
Sarthe-Touraine
Chenu
Clefs
Cheviré-le-Rouge
Savigné-s/s.-L.-L.
St-Paterne-Racan
Neuvy-le-Roi
Chigné
Château-la-Vallière
Neuillé-P.-P.
Beaumont-la-Ronce
Baugé
Neuillé-Pont-Pierre
Noyant
Landifer
Beaufort-en-Vallée
Cuon
Lac de Pincemaille
Cérelles
Mouliherne
Ambillou
La Grafinière
La Membrolle-Choisille
Rillé
Pernay
TOURS
Longué
Baugé/Longué
Hommes
Cléré-les-Pins
Aqueduc Romain
St-Cyr-s.-L.
Vernantes
Luynes
Longué-Jumelles
Vernoil
Cinq-Mars-la-Pile
St-Maur
Les Rosiers
E60
Les Essards
Joué-lès-Tours
St-Martin-de-la-Pl.
Vivy
Vivy-Saumur
Boumois
Brain-sur-Allonnes
Langeais
Villandry
A85
Ingrandes-de-Touraine
Montbazon
Saumur
Launay
Bourgueil
La Chatonnière
E05
Azay-le-Rideau
Saché
Parc Nat. Rég.
Montsoreau
Huismes
Rigny-Ussé
Thilouze
Loire
Villaines-les-Rochers
St-Cyr-en-Bourg
Candes-St-Martin
Brézé
Fontevraud-l'Abbaye
Thizay
Chinon
Cravant-les-Côteaux
Ste-Maure-d.-T.
La Fontaine Colette
Le Coudray-Montpensier
St-Epain
A10
Montreuil-Bellay
Vienne
L'Île-Bouchard
Chemin de St-Jacques
Brétignolles
Tavant
Ste-Maure-d.-T.
de Loire
Pouzay
Bournand
Champigny-sur-Veude
Anjou Touraine
Les Trois-Moutiers
Curçay-sur-Dive
Loudun
Richelieu
Verneuil-le-Château
La Celle-St-Avant
St-Laon
20 km
12.43 mi
Oiron
Jaulnay
Marigny-Marmande
Taizé
Martaizé
Dangé-St-Romain

A
B
C
1
2
3
4
5
6
20 km
12.43 mi
Sarthe
Loir
Cher
Indre
Braye
Creuse
Indrois
Beuvron
Cisse
Yerre
La Ferté-Bernard
Tuffé
Courgenard
La Bazoche-Gouët
Chapelle-Royale
Logron
Marboué
Châteaudun
Courtangis
Montmirail
Arrou
St-Denis-les-Ponts
Villaines-la-Gonais
Le Luart
Connerré
Thorigné-sur-Dué
Lavaré
Vibraye
Arville
Courtalain
La Fontenelle
Droué
Montigny-le-Gannelon
La Chapelle-du-Noyer
Bouloire
Berfay
Mondoubleau
La Chapelle-Vicomtesse
Cloyes-sur-le-Loir
La Ferté-Villeneuil
Sargé-sur-Braye
La Ville-aux-Clercs
Tresson
St-Calais
Epuisay
Morée
Sainte-Cérotte
Savigny-s.-B.
Fréteval
Le Grand-Lucé
Bessé-s.-B.
Renay
St-Laurent-des-Bois
Villiers-sur-Loir
Rochambeau
Oucques
Marchenoir
St-Vincent-du-Lorouër
Vancé
Lunay
Vendôme
Poncé-sur-le-Loir
Troo
la Trinité
Selommes
Sougé
Montoire-sur-le-Loir
Conan
La Chartre-s.-l.-L.
Route des Parcs et Jardins
Schlossruine Lavardin
Marcé
St-Amand-Longpré
La Chapelle-Vendômoise
Les Hermites
Authon
B.-Villerbon
B.-Ménars
Chemillé-sur-Dême
Gombergean
Blois
La Ferrière
Neuvy-le-Roi
Château-Renault
Saint-Nicolas-des-Motets
Herbault
La Chaussée-St-Victor
St-Laurent-en-Gâtines
Beaumont-la-Ronce
Santenay
Molineuf
Chailles
Neuillé-Pont-Pierre
Amboise/Château-R.
Autrèche
Beauregard
Monnaie
Mesland
Chouzy-sur-Cisse
Les Montils
Cérelles
Reugny
Chaumont-sur-Loire
La Membrolle-Choisille
Tours
Nazelles-Négron
Rilly-s.-Loire
Vallières-les-Grandes
Fougères-sur-Bièvres
St-Cyr-s.-L.
TOURS
Amboise
Pontlevoy
Cormeray
Montlouis-
St-Pierre-des-Corps
Route des Dames de Touraine
Chenonceaux
Montrichard
Chémery
Leugny
Bléré
Château de Chenonceau
Monthou-sur-Cher
Villandry
Joué-lès-Tours
Esvres
St-Jean-du-Grais
Francueil
Montbazon
Veigne
St-Aignan
Cormery
Luzillé
Céré-la-Ronde
Saché
Sorigny
Sublaines
Thilouze
St-Quentin-s.-I.
Le Liège
Orbigny
Villentrois
Saint-Branchs
Genillé
Ste-Maure-d.-T.
La Fontaine-Colette
Montrésor
St-Epain
Loches
Nouans-les-Fontaines
Chemin de St-Jacques
Beaulieu-lès-Loches
Ste-Maure-d.-T.
Manthelan
Vou
Loché-s.-Indrois
Ecueillé
Bournan
Ligueil
Saint-Senoch
St-Hippolyte
Jeu-Maloches
La Celle-St-Avant
le Châtelier
Descartes
Betz-le-Château
La Celle-
Châtillon-sur-Indre
Pellevoisin
Guenand
Saint-Flovier
Palluau-s.-Indre
Dangé-St-Romain
Le Grand-Pressigny
Saint-Genou
Haute Touraine
Touraine
Loire
Indre-et-Loire
Petite Beauce
Dunois
Bas
Val de Loire
Gâtine

D
E
F
Orgères-en-Beauce
Bazoches-les-Gallerandes
Châtillon-le-Roi
Boynes
Beaune-du-Gâtinais
Breteuil
Lumeau
Artenay
Escrennes
Chilleurs-aux-Bois
Chambon-la-Forêt
Beaune-la-Rollade
Guillonville
Sougy
Patay
Neuville-aux-Bois
Courcy-aux-Loges
Boiscommun
Autoroute l'Aquitaine
Forêt d'Orléans
Tournoisis
Saint-Péravy-la-Colombe
Loury
Etang Vallée
Bellegarde
Ladon
O.-Saran
O.-Gidy
Rozières-en-Beauce
Saran
Fleury-les-Aubrais
Loiret
Fay-aux-Loges
Vitry-aux-Loges
Châtenoy
O.-Nord
Ingré
Maison de J. d'Arc
Canal d'Orléans
Baccon
O.-Centre
Chécy
Huisseau-s.-M.
ORLÉANS
Jargeau
Route des Parcs et Jardins
Lorris
Olivet
Meung-s.-L.
St-Cyr-en-Val
Sandillon
Châteauneuf-sur-Loire
Germigny-des-Prés
Les Bordes
Meung-s.-L.
Cléry-St-André
Ardon
Sologne
St-Benoît-s.-Loire
Marcilly-en-Villette
Tigy
Beaugency
Lailly-en-Val
Sully-s.-Loire
Jouy-le-Potier
La Ferté-St-Aubin
Vannes-sur-Cosson
Val de Loire
Cosson
Ligny-le-Ribault
Ménestreau-en-Villette
Sennely
Isdes
St-Florent
Muides-sur-Loire
La Ferté-Saint-Cyr
Chaumont-s.-Th.
La Ferté-St-Aubin
Vouzon
Souvigny-en-Sologne
Cerdon
Route Jacques Cœur
Chambord
Chaumont-sur-Tharonne
Lamotte-Beuvron
Chaon
Etang Puits
Coullons
Dhuizon
Beuvron
Clémont
La Marolle-en-Sologne
Lamotte-Beuvron
Nouan-le-Fuzelier
Argent-sur-Sauldre
Neung-sur-Beuvron
La Ferté-Beauharnais
Brinon-sur-Sauldre
Bracieux
Grande Sauldre
Loir-et-Cher
Aubigny-sur-Nère
Saint-Viâtre
Pierrefitte-sur-Sauldre
Vernou-en-Sologne
Ste-Montaine
Ménétréol-s.-Sauldre
Camp Romain
Marcilly-en-Gault
Souesmes
Millançay
Petite Sauldre
Nère
Salbris
Mur-en-Sologne
Selles-St-Denis
La Ferté-Imbault
Presly
La Chapelle-d'Angillon
Nançay
Ivoy-le-Pré
Romorantin Lanthenay
Salbris
Pruniers-en-Sologne
Villefranche/Romorantin
Rère
Theillay
Henrichemont
Sauldre
Neuvy-sur-Barangeon
Villefranche-sur-Cher
Châtres-s.-Cher
Cher
Vouzeron
Menetou-Salon
Mennetou-s.-Cher
Chabris
V.-Nord
V.-Villages
Vierzon
Allogny
Fouzon
Dun-le-Poëlier
V.-Est
V.-Bourgneuf
St-Martin-d'Auxigny
Varennes-s.-Fouzon
Genouilly
Vignoux-s.-Barangeon
Mehun-s.-Yèvre
St-Eloy-de-Gy
Fussy
St-Christophe-en-Bazelle
Méreau
Massay
Quincy
Valençay
Massay
Graçay
St-Doulchard
Yèvre
Renon
St-Pierre-de-Jards
Vicq-sur-Nahon
Graçay
Ste-Thorette
Marmagne
Palais
Cathédrale St-Etienne
Vatan
Les Champs d'Amour
Reuilly
Bourges
Chapelle-St-Ursin
Rouvres-les-Bois
Vatan
Paudy
Bourges
Villeneuve-sur-Cher
Bouges-le-Château
Route des Parcs et Jardins
Trouy
Plaimpied-Givaudins
St-Martin-de-Lamps
Ménétréols-sous-Vatan
Levroux
St Florent-sur-Cher
Issoudun
Chârost
Arnon
Brion
La Champenoise
Brion
Chemin de St-Jacques
Mareuil
Gongis
Indre
A71
A20
A85
E60
E05
E09
E604
E11

130

129
A
B
C
1
2
3
4
5
Patay
Saint-Cloud-en-Dunois
Tournoisis
Prénouvellon
Verdes
Charsonville
Binas
Ouzouer-le-Marché
Baccon
Rozières-en-Beauce
Saint-Péravy-la-Colombe
Autoroute l'Aquitaine
O.-Saran
O.-Gidy
O.-Nord
O.-Centre
Saran
Fleury-les-Aubrais
Ingré
Maison de J. d'Arc
Chécy
ORLÉANS
Olivet
Huisseau-s.-M.
Meung-s.-L.
Meung-sur-Loire
Beaugency-Messas
Cléry-St-André
St-Cyr-en-Val
Sandillon
Jargeau
Châteauneuf-sur-Loire
Germigny-des-Prés
St-Benoît-s.-Loire
Laurent-des-Bois
Marchenoir
Josnes
Talcy
Beaugency
Avaray
Mer
Suèvres
Lailly-en-Val
Jouy-le-Potier
Ardon
Marcilly-en-Villette
La Ferté-St-Aubin
Tigy
Vannes-sur-Cosson
Val de Loire
Muides-s-L.
Ligny-le-Ribault
Ménestreau-en-Villette
Sennely
Isdes
Courcy-aux-Loges
Loury
Étang Vallée
Fay-aux-Loges
Vitry-aux-Loges
Route des Parcs et Jardins
Forêt d'Orléans
Loiret
Centre
Sologne
B.-Menars
Chambord
La Ferté-Saint-Cyr
Chaumont-s.-Th.
La Ferté-St-Aubin
Vouzon
Souvigny-en-Sologne
Cosson
Lamotte-Beuvron
Chaon
Dhuizon
Chaumont-sur-Tharonne
La Marolle-en-Sologne
Beuvron
Étang
Clémont
Beauregard
Bracieux
Neung-sur-Beuvron
La Ferté-Beauharnais
Nouan-le-Fuzelier
Brinon-sur-Sauldre
Cour-Cheverny
Vernou-en-Sologne
Saint-Viâtre
Pierrefitte-sur-Sauldre
Ste-Montaine
Ménétréol-s.-Sauldre
Loir-et-Cher
Camp Romain
Millançay
Marcilly-en-Gault
Souesmes
Salbris
Contres
Mur-en-Sologne
Selles-St-Denis
La Ferté-Imbault
Presly
Nançay
Chémery
Pruniers-en-Sologne
Romorantin Lanthenay
Villefranche/Romorantin
Theillay
Neuvy-sur-Barangeon
Sauldre
Selles-sur-Cher
Villefranche-sur-Cher
Châtres-s.-Cher
Vouzeron
Varennes-s.-Fouzon
Chabris
Mennetou-s.-Cher
Dun-le-Poëlier
V.-Villages
V.-Nord
Vierzon
V.-Est
Allogny
Fouzon
V.-Bourgneuf
Villentrois
Genouilly
Vignoux-s.-Barangeon
Mehun-s.-Yèvre
St-Christophe-en-Bazelle
Méreau
Valençay
Graçay
Massay
Quincy
St-Eloy-de-Gy
Luçay-le-Mâle
Vicq-sur-Nahon
St-Pierre-de-Jards
Ste-Thorette
Marmagne
St-Doulchard
Nahon
Renon
Vatan
Reuilly
Les Champs d'Amour
Paudy
Chapelle-St-Ursin
Bourges
Rouvres-les-Bois
Villeneuve-sur-Cher
Jeu-Maloches
Indre
Bouges-le-Château
Route des Parcs et Jardins
Saint-Martin-de-Lamps
Ménétréols-sous-Vatan
Pellevoisin
Levroux
Brion
Issoudun
Chârost
St Florent-sur-Cher
Argy
20 km
12.43 mi
La Champenoise
Chemin de St Jacques
Lunery
Genou
Mareuil-sur-Arnon
Arnon
Déols
Neuvy-Pailloux
Chezelles
Châteauroux
St-Christophe
Châteauneuf-sur-Cher
Meunet-Planches
Chezal-Benoît
St-Baudel
Vouillon
Théols
A10
A71
A20
A85
E05
E09
E11
E60
E604
130

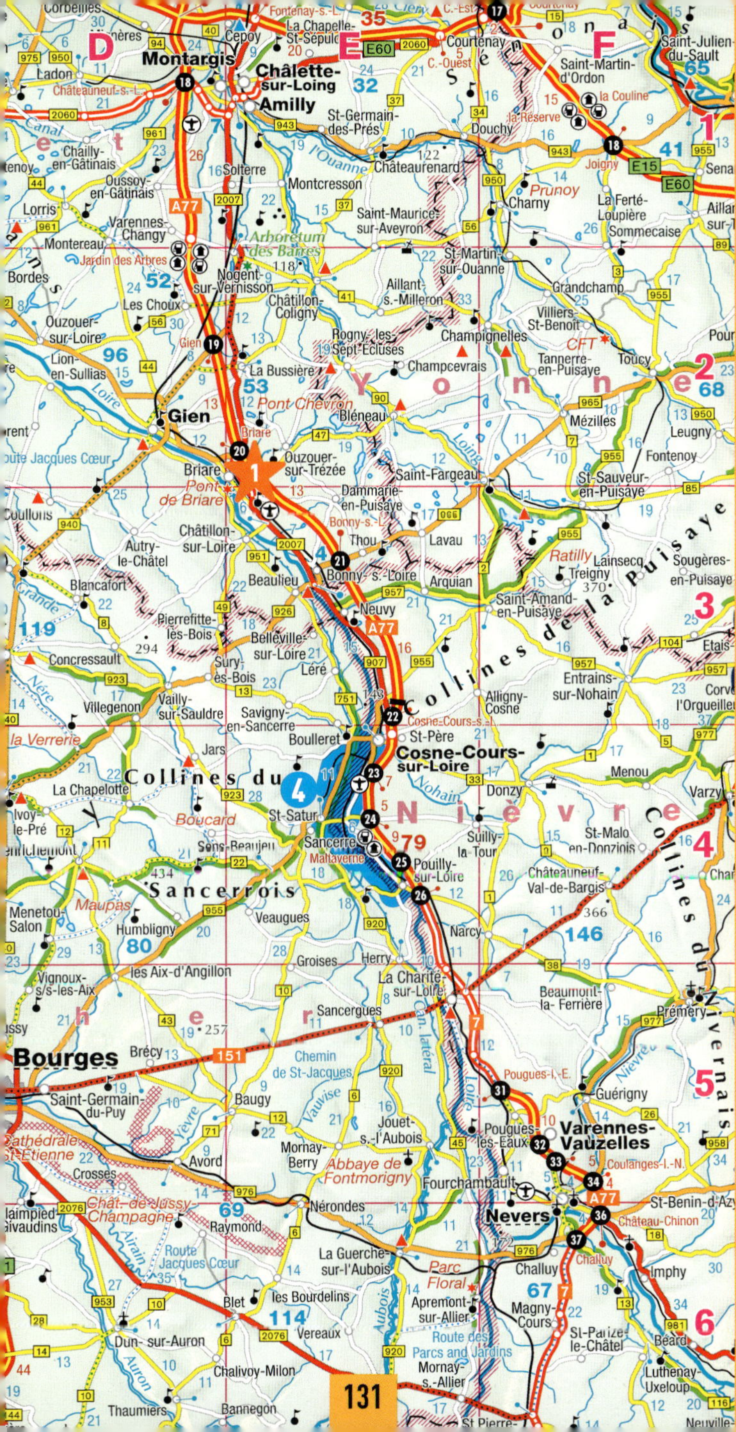
Montargis
Châlette-sur-Loing
Amilly
Courtenay
Saint-Julien-du-Sault
Saint-Martin-d'Ordon
St-Germain-des-Prés
Châteaurenard
Douchy
Joigny
Solterre
Montcresson
Chailly-en-Gâtinais
Oussoy-en-Gâtinais
Lorris
Varennes-Changy
Montereau
Jardin des Arbres
Arboretum des Barres
Nogent-sur-Vernisson
Saint-Maurice-sur-Aveyron
Charny
La Ferté-Loupière
Sommecaise
St-Martin-sur-Ouanne
Aillant-s.-Milleron
Grandchamp
Châtillon-Coligny
Les Choux
Ouzouer-sur-Loire
Rogny-les-Sept-Écluses
Champignelles
Villiers-St-Benoît
Tannerre-en-Puisaye
Toucy
Lion-en-Sullias
La Bussière
Champcevrais
Gien
Pont Chevron
Bléneau
Mézilles
Leugny
Fontenoy
Briare
Ouzouer-sur-Trézée
Saint-Fargeau
St-Sauveur-en-Puisaye
Pont de Briare
Dammarie-en-Puisaye
Châtillon-sur-Loire
Autry-le-Châtel
Thou
Lavau
Bonny-s.-Loire
Arquian
Ratilly
Lainsecq
Treigny
Sougères-en-Puisaye
Beaulieu
Blancafort
Neuvy
Saint-Amand-en-Puisaye
Pierrefitte-ès-Bois
Belleville-sur-Loire
Léré
Concressault
Sury-ès-Bois
Entrains-sur-Nohain
Étais
Vailly-sur-Sauldre
Villegenon
Savigny-en-Sancerre
Alligny-Cosne
Collines de la Puisaye
Cosne-Cours-sur-Loire
St-Père
Boulleret
la Verrerie
Jars
Collines du Sancerrois
Menou
Varzy
La Chapelotte
Donzy
St-Satur
Boucard
Sancerre
Sens-Beaujeu
Maltaverne
Sully-la-Tour
St-Malo-en-Donziois
Pouilly-sur-Loire
Châteauneuf-Val-de-Bargis
Menetou-Salon
Maupas
Humbligny
Veaugues
Narcy
Collines du Nivernais
Nièvre
Yonne
Cher
Groises
Herry
La Charité-sur-Loire
Beaumont-la-Ferrière
Prémery
Vignoux-s/s-les-Aix
les Aix-d'Angillon
Sancergues
Bourges
Brécy
Chemin de St-Jacques
Can. latéral
Saint-Germain-du-Puy
Pougues-l.-E.
Guérigny
Baugy
Jouet-s.-l'Aubois
Pougues-les-Eaux
Varennes-Vauzelles
Cathédrale St-Étienne
Crosses
Avord
Mornay-Berry
Abbaye de Fontmorigny
Fourchambault
Coulanges-l.-N.
St-Benin-d'Azy
Nevers
Château-Chinon
Chât. de Jussy-Champagne
Nérondes
Raymond
La Guerche-sur-l'Aubois
Parc Floral
Challuy
Imphy
Route Jacques Cœur
Blet
les Bourdelins
Apremont-sur-Allier
Magny-Cours
St-Parize-le-Châtel
Béard
Dun-sur-Auron
Vereaux
Route des Parcs and Jardins
Mornay-s.-Allier
Luthenay-Uxeloup
Chalivoy-Milon
Thaumiers
Bannegon
St-Pierre-
Neuville-
A77
E15
E60
CFT

KARTENLEGENDE

18 26	Autobahn mit Anschlussstellen Motorway with junctions
	Autobahn in Bau Motorway under construction
	Mautstelle Toll station
	Raststätte mit Übernachtung Roadside restaurant and hotel
	Raststätte Roadside restaurant
	Tankstelle Filling-station
	Autobahnähnliche Schnellstraße mit Anschlussstelle Dual carriage-way with motorway characteristics with junction
	Fernverkehrsstraße Trunk road
	Durchgangsstraße Thoroughfare
	Wichtige Hauptstraße Important main road
	Hauptstraße Main road
	Nebenstraße Secondary road
	Eisenbahn Railway
	Autozug-Terminal Car-loading terminal
	Zahnradbahn Mountain railway
	Kabinenschwebebahn Aerial cableway
	Eisenbahnfähre Railway ferry
	Autofähre Car ferry
	Schifffahrtslinie Shipping route
	Landschaftlich besonders schöne Strecke Route with beautiful scenery
Alleenstr.	Touristenstraße Tourist route
XI-V	Wintersperre Closure in winter
	Straße für Kfz gesperrt Road closed to motor traffic
8%	Bedeutende Steigungen Important gradients
	Für Wohnwagen nicht empfehlenswert Not recommended for caravans
	Für Wohnwagen gesperrt Closed for caravans
	Besonders schöner Ausblick Important panoramic view

Wartenstein *Umbalfälle*	Sehenswert: Kultur - Natur Of interest: culture - nature
	Badestrand Bathing beach
	Nationalpark, Naturpark National park, nature park
	Sperrgebiet Prohibited area
	Kirche Church
	Kloster Monastery
	Schloss, Burg Palace, castle
	Moschee Mosque
	Ruinen Ruins
	Leuchtturm Lighthouse
	Turm Tower
	Höhle Cave
	Ausgrabungsstätte Archaeological excavation
	Jugendherberge Youth hostel
	Allein stehendes Hotel Isolated hotel
	Berghütte Refuge
	Campingplatz Camping site
	Flughafen Airport
	Regionalflughafen Regional airport
	Flugplatz Airfield
	Staatsgrenze National boundary
	Verwaltungsgrenze Administrative boundary
	Grenzkontrollstelle Check-point
	Grenzkontrollstelle mit Beschränkung Check-point with restrictions
ROMA	Hauptstadt Capital
VENEZIA	Verwaltungssitz Seat of the administration
	MARCO POLO Erlebnistour 1 MARCO POLO Discovery Tour 1
	MARCO POLO Erlebnistouren MARCO POLO Discovery Tours
1	MARCO POLO Highlight MARCO POLO Highlight

FÜR IHRE NÄCHSTE REISE ...

ALLE **MARCO POLO** REISEFÜHRER

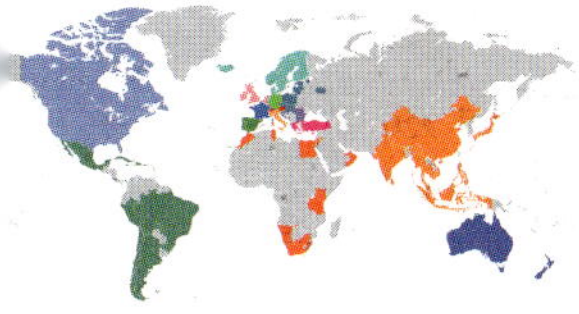

DEUTSCHLAND

Allgäu
Bayerischer Wald
Berlin
Bodensee
Chiemgau/Berchtesgadener Land
Dresden/Sächsische Schweiz
Düsseldorf
Eifel
Erzgebirge/Vogtland
Föhr & Amrum
Franken
Frankfurt
Hamburg
Harz
Heidelberg
Köln
Lausitz/Spreewald/Zittauer Gebirge
Leipzig
Lüneburger Heide/Wendland
Mecklenburgische Seenplatte
Mosel
München
Nordseeküste Schleswig-Holstein
Oberbayern
Ostfriesische Inseln
Ostfriesland/Nordseeküste Niedersachsen/Helgoland
Ostseeküste Mecklenburg-Vorpommern
Ostseeküste Schleswig-Holstein
Pfalz
Potsdam
Rheingau/Wiesbaden
Rügen/Hiddensee/Stralsund
Ruhrgebiet
Schwarzwald
Stuttgart
Sylt
Thüringen
Usedom
Weimar

ÖSTERREICH SCHWEIZ

Kärnten
Österreich
Salzburger Land
Schweiz
Steiermark
Tessin
Tirol
Wien
Zürich

FRANKREICH

Bretagne
Burgund
Côte d'Azur/Monaco
Elsass
Frankreich
Französische Atlantikküste
Korsika
Languedoc-Roussillon
Loire-Tal
Nizza/Antibes/Cannes/Monaco
Normandie
Paris
Provence

ITALIEN MALTA

Apulien
Dolomiten
Elba/Toskanischer Archipel
Emilia-Romagna
Florenz
Gardasee
Golf von Neapel
Ischia
Italien
Italienische Adria
Italien Nord
Italien Süd
Kalabrien
Ligurien/Cinque Terre
Mailand/Lombardei
Malta & Gozo
Oberital. Seen
Piemont/Turin
Rom
Sardinien
Sizilien/Liparische Inseln
Südtirol
Toskana
Venedig
Venetien & Friaul

SPANIEN PORTUGAL

Algarve
Andalusien
Azoren
Barcelona
Baskenland/Bilbao
Costa Blanca
Costa Brava
Costa del Sol/Granada
Fuerteventura
Gran Canaria
Ibiza/Formentera
Jakobsweg Spanien
La Gomera/El Hierro
Lanzarote
La Palma
Lissabon
Madeira
Madrid
Mallorca
Menorca
Portugal
Spanien
Teneriffa

NORDEUROPA

Bornholm
Dänemark
Finnland
Island
Kopenhagen
Norwegen
Oslo
Schweden
Stockholm
Südschweden

WESTEUROPA BENELUX

Amsterdam
Brüssel
Dublin
Edinburgh
England
Flandern
Irland
Kanalinseln
London
Luxemburg
Niederlande
Niederländische Küste
Schottland
Südengland

OSTEUROPA

Baltikum
Budapest
Danzig
Krakau
Masurische Seen
Moskau
Plattensee
Polen
Polnische Ostseeküste/Danzig
Prag
Slowakei
St. Petersburg
Tallinn
Tschechien
Ungarn
Warschau

SÜDOSTEUROPA

Bulgarien
Bulgarische Schwarzmeerküste
Kroatische Küste Dalmatien
Kroatische Küste Istrien/Kvarner
Montenegro
Rumänien
Slowenien

GRIECHENLAND TÜRKEI ZYPERN

Athen
Chalkidikí/Thessaloníki
Griechenland Festland
Griechische Inseln/Ägäis
Istanbul
Korfu
Kos
Kreta
Peloponnes
Rhodos
Sámos
Santorin
Türkei
Türkische Südküste
Türkische Westküste
Zákinthos/Itháki/Kefalloniá/Léfkas
Zypern

NORDAMERIKA

Chicago und die Großen Seen
Florida
Hawai'i
Kalifornien
Kanada
Kanada Ost
Kanada West
Las Vegas
Los Angeles
New York
San Francisco
USA
USA Ost
USA Südstaaten/New Orleans
USA Südwest
USA West
Washington D.C.

MITTEL- UND SÜDAMERIKA

Argentinien
Brasilien
Chile
Costa Rica
Dominikanische Republik
Jamaika
Karibik/Große Antillen
Karibik/Kleine Antillen
Kuba
Mexiko
Peru & Bolivien
Yucatán

AFRIKA UND VORDERER ORIENT

Ägypten
Djerba/Südtunesien
Dubai
Israel
Jordanien
Kapstadt/Wine Lands/Garden Route
Kapverdische Inseln
Kenia
Marokko
Marrakesch
Namibia
Oman
Rotes Meer & Sinai
Südafrika
Tansania/Sansibar
Tunesien
Vereinigte Arabische Emirate

ASIEN

Bali/Lombok/Gilis
Bangkok
China
Hongkong/Macau
Indien
Indien/Der Süden
Japan
Kambodscha
Ko Samui/Ko Phangan
Krabi/Ko Phi Phi/Ko Lanta/Ko Jum
Malaysia
Myanmar
Nepal
Peking
Philippinen
Phuket
Shanghai
Singapur
Sri Lanka
Thailand
Tokio
Vietnam

INDISCHER OZEAN UND PAZIFIK

Australien
Malediven
Mauritius
Neuseeland
Seychellen

Viele MARCO POLO Reiseführer gibt es auch als eBook – und es kommen ständig neue dazu!
Checken Sie das aktuelle Angebot einfach auf: www.marcopolo.de/e-books

REGISTER

In diesem Register sind alle in diesem Band erwähnten Orte, Ausflugsziele sowie einige wichtige Personen und Sachbegriffe aufgeführt. Gefettete Seitenzahlen verweisen auf den Haupteintrag.

SCHREIBEN SIE UNS!

Egal, was Ihnen Tolles im Urlaub begegnet oder Ihnen auf der Seele brennt, lassen Sie es uns wissen! Ob Lob, Kritik oder Ihr ganz persönlicher Tipp – die MARCO POLO Redaktion freut sich auf Ihre Infos.
Wir setzen alles dran, Ihnen möglichst aktuelle Informationen mit auf die Reise zu geben. Dennoch schleichen sich manchmal Fehler ein – trotz gründlicher Recherche unserer Autoren/innen. Sie haben sicherlich Verständnis, dass der Verlag dafür keine Haftung übernehmen kann.

MARCO POLO Redaktion
MAIRDUMONT
Postfach 31 51
73751 Ostfildern
info@marcopolo.de

IMPRESSUM
Titelbild: Schloss Le Plessis-Macé (Laif: T. & B. Morandi)
Fotos: P. Bausch (1 u., 11); Chéz Remi/Chéz Remi (19 o.); Patrick Droude (18 M.); Getty Images: P. Cade (102/103, 112 u.), T. Moore (3), F. Seifert (111); Getty Images/AFP: A. Jocard (8), J.-F. Monier (109), G. Souvant (20/21, 110); Getty Images/Corbis: S. Sonnet (65); Getty Images/Digital Vision (18 o.); Getty Images/Gamma-Rapho: M. Rougemont (31); Getty Images/hemis.fr: J.-P. Degas (34); huber-images: J. Banks (99, 124/125), F. Carassale (30), F. Carovillano (76), L. Da Ros (47), Gräfenhain (44), L. Grandadam (78), Kremer (42/43, 112 o.), B. Morandi (52), L. Vaccarella (2, 58); Laif: Heuer (28 l.), G. Martin (66), T. & B. Morandi (Klappe l., 1 o., 4 u., 12/13), J.-B. Rabouan (56/57, 95, 113), J.-D. Sudres (29), G. Westrich (104); Laif/hemis.fr: P. Body (5, 7, 10, 14, 30/31, 63), A. Chicurel (81), M. Denis-Huot (87), M. Dozier (88), F. Guiziou (74/75), H. Hughes (55), H. Lenain (17, 37), R. Manin (6, 82), L.-M. Preau (24), G. Rigoulet (73); Laif/REA/pool: N. Messyasz (Klappe r.); Laif/REA/RGA (23); Laif/Reporters: Scagnetti (84); Look/Photononstop (48); mauritius images/age: B. Almela (60), B. Jaubert (32/33), J. A. Moreno (9), J. Wlodarczyk (4 o., 90/91); mauritius images/Blend Images: M. Kemp (110/111); mauritius images/hemis.fr: J.-D. Sudres (19 u.); mauritius images/imagebroker: gourmet-vision (28 r.), P. Williams (26/27); mauritius images/Photononstop: E. Chaix (70), T. Jacket (18 u.), L. Lourdel (41), N. Thibaut (51); mauritius images/robertharding: J. Elliott (38, 100); mauritius images/Westend61: M. Govel (106/107); Visum: R. Kluba (69)

11. Auflage 2017
Komplett überarbeitet und neu gestaltet

Chefredaktion: Marion Zorn; Autor: Peter Bausch; Redaktion: Christina Sothmann
Verlagsredaktion: Stephan Dürr, Lucas Forst-Gill, Susanne Heimburger, Nikolai Michaelis, Martin Silbermann, Kristin Wittemann; Bildredaktion: Gabriele Forst, Anja Schlatterer
Im Trend: wunder media, München
Kartografie Reiseatlas: © MAIRDUMONT, Ostfildern; Kartografie Faltkarte: © MAIRDUMONT, Ostfildern
Gestaltung Cover, S. 1, S. 2/3, Faltkartencover: Karl Anders – Büro für Visual Stories, Hamburg; Gestaltung innen: milchhof:atelier, Berlin; Gestaltung Erlebnistouren: Susan Chaaban Dipl.-Des. (FH)
Sprachführer: in Zusammenarbeit mit Ernst Klett Sprachen GmbH, Stuttgart, Redaktion PONS Wörterbücher

Printed in China

FSC® www.fsc.org
MIX
Paper from responsible sources
FSC® C011910

BLOSS NICHT

Ein paar Dinge, die Sie im Loire-Tal beachten sollten

SCHLÖSSER-HOPPING

Sie haben die Qual der Wahl: Hunderte großer und kleiner Schlösser liegen wie aufgereiht an der Loire und ihren Zuflüssen. Zügeln Sie Ihren kulturellen Ehrgeiz: Wenn Sie mehr als zwei, drei *châteaux* an einem Tag abhaken, wissen Sie nicht mehr, was Sie wo gesehen haben. Außerdem belasten die Besichtigungen Ihre Reisekasse enorm. Wählen Sie lieber gut aus, was Sie tatsächlich sehen wollen, und lassen Sie sich dafür etwas mehr Zeit. Es reicht wirklich, pro Tag die lange, reiche Geschichte nur eines Schlosses zu erfahren.

AUFS GERATEWOHL DURCH DIE LANDE

Für viele Reisende ist es reizvoll, auf eigene Faust eine Region zu entdecken. Auch das Loire-Tal ist ein beliebtes Ziel für Individualtouristen. Schade wäre es allerdings, mangels Informationen an den schönsten Flecken, den tollsten Zimmern und den besten Geschäften ahnungslos vorbeizufahren. Die Verkehrsämter *(office de tourisme)* selbst in den kleineren Städten halten hervorragendes Informationsmaterial bereit und geben Ihnen auch gern Ratschläge, z. B. über Kombipässe, mit denen Sie auf der Besichtigungstour Geld sparen können.

WILD CAMPEN

So verlockend ein schönes Plätzchen in freier Natur sein mag, um ein Zelt aufzustellen oder das Wohnmobil zu parken – französische Grundbesitzer sehen das gar nicht gern und reagieren meist sauer. Viele Gemeinden im Loire-Tal haben extra Stationen für Wohnmobile eingerichtet, und an Campingplätzen in herrlicher Lage fehlt es auch nicht.

WERTSACHEN IM AUTO LASSEN

Autos mit ausländischem Kennzeichen sind bevorzugtes Objekt für Diebe, die es im Umkreis der großen Städte leider auch im Loire-Tal gibt. Auf keinen Fall Wertsachen oder Jacken offen im Auto liegen lassen. Noch eher auf Paris oder den Süden beschränkt ist die Langfinger-Methode, aus dem besetzten Auto Handtaschen zu stehlen. Aber auch in Tours, Orléans oder Angers empfiehlt es sich, an Ampeln die Autotüren von innen zu verschließen.

IN RADLERKLUFT ZUR SCHLOSSBESICHTIGUNG

Auch wenn keine Könige mehr vor Ort leben und die heutigen Schlossherren ganz bewusst auf Radtouristen setzen: Besichtigen Sie Schlösser, Museen und Kirchen nicht unbedingt in körperbetonter, eigentlich nur in freier Natur gern gesehener Radlerkluft. Die Besitzer der Burgen und Herrensitze, auch heute noch oft Grafen und Barone, werfen sich selbst zwar nur für ganz festliche Anlässe in Schale, sind aber im Alltag dennoch immer piccobello angezogen. Wenn es irgendwie möglich ist, nehmen Sie sich die Zeit fürs Umziehen, bevor sie die reiche Geschichte im Loire-Tal entdecken. Ein bisschen Stil sollte doch auch im Urlaub gewahrt bleiben.